LES DANGERS
DE NOTRE
ALIMENTATION

KARINE JACQUEMART

LES DANGERS DE NOTRE ALIMENTATION

Dérives et conséquences
du système agroalimentaire sur nos vies

PAYOT

Retrouvez l'ensemble des parutions
des Éditions Payot sur

editions-payot.fr

Introduction

> *La politique a horreur du vide. Si vous ne la comblez pas par de l'espoir, d'autres se chargeront d'y mettre de la peur.*
>
> Naomi Klein, dans *Dire non ne suffit plus*

Je suis en colère.

D'aussi loin que je me rappelle, j'ai toujours cherché à dépasser cette émotion. Je la trouvais inutilement toxique, dangereuse. Pourtant, aujourd'hui, j'ai de plus en plus de mal à la réprimer. Elle tambourine dans ma tête face aux violences décomplexées du système qu'on nous impose : un système qui nous divise pour mieux régner, creuse les inégalités et saccage le vivant. Face aux crises sociale, économique, sanitaire, écologique orchestrées par une minorité qui en tire profit, comment ne pas être en colère ? Car toutes ces injustices ne sont pas seulement indignes, elles sont d'autant plus révoltantes qu'elles sont évitables. Ce système intolérable n'est pas une fatalité. Et ça, c'est la bonne nouvelle. Nous n'allons pas laisser faire sans rien dire.

Commençons par explorer nos assiettes. Quand j'ai décidé il y a plus de vingt ans de m'engager pour plus de justice sociale, j'ai choisi le fil rouge de l'alimentation. La question de l'accès à une alimentation digne, saine, durable, choisie, abordable a toujours été centrale, que ce soit dans les missions humanitaires que je coordonnais en Afrique de l'Ouest et en Afrique de l'Est avec Action contre la faim, dans la campagne « Forêts et droits humains » que je menais chez Greenpeace international en Afrique centrale ou depuis bientôt dix ans à Foodwatch, contre-pouvoir citoyen 100 % indépendant. Pourquoi ? Parce que notre alimentation se situe au carrefour de nombreux enjeux, qu'elle peut (ré)concilier : social, économique, de santé, pour nos écosystèmes. C'est un besoin fondamental. Et elle est au cœur des questions de pouvoir. Si vous contrôlez le système agroalimentaire, vous contrôlez les populations. Et c'est exactement ce qui arrive, sous la pression de lobbies bien rodés et sous la chape de plomb de politiques néolibérales acharnées. L'alimentation, c'est politique.

De plus, étudier ces rapports de force et de domination dans le modèle agro-chimico-alimentaire est une fenêtre sur le système tout entier de nos sociétés : un modèle qui écrase l'intérêt général, fabrique des peurs et accentue les discriminations. Toutes les discriminations. Quand on parle des violences contre le droit à l'alimentation pour toutes et tous, on parle de sujets fondamentaux, de dignité, de liberté et de démocratie. Toutes ces formes de violences, contre les femmes, contre les minorités, contre les pauvres avec tant de mépris de classe, contre les personnes racisées, contre celles et ceux qui ne sont pas assez comme ci, ou trop comme ça, sont les facettes d'un même système qui cherche à imposer ses règles, injustes.

Commençons donc, dans une première partie, par décrypter notre système alimentaire. Qui décide de ce qu'on mange ? À quel prix ? Avec quelles conséquences ? Les chiffres révèlent une réalité intenable.

Intolérable. Tandis que plus de 730 millions de personnes dans le monde souffrent toujours de la faim, 2,5 milliards d'humains sont en surpoids à cause de la malbouffe. C'est 43 % de la population adulte sur terre. L'obésité mondiale a été multipliée par deux depuis 1990 et par quatre chez les adolescents. C'est la double peine d'un système agroalimentaire totalement inégalitaire, dominé par une poignée de multinationales et de géants de la grande distribution qui imposent leurs règles sous le regard complaisant et souvent complice des pouvoirs publics.

Dans ce jeu de dupes, les consommatrices et consommateurs sont souvent pointé·es du doigt comme responsables de leurs choix. Sauf qu'en réalité, ils et elles n'ont pas tant le choix que ça dans le système actuel... Dans les rayons, c'est le règne de la désinformation et la valse des prix totalement opaques. Mais surtout, le choix le moins cher mis en avant est trop souvent synonyme de malbouffe : des produits ultra-transformés, bon marché, riches en matières grasses, en sucres ajoutés et en sel. De véritables bombes à retardement caloriques, addictives, appauvries en fibres, en vitamines et en minéraux. En conséquence, les plus pauvres payent un prix encore plus fort, car plus les budgets sont serrés, plus il est difficile d'accéder à une alimentation de qualité. Les régimes alimentaires sains sont hors de portée pour 3 milliards de personnes dans le monde. En France, une personne sur trois n'a pas accès à une alimentation saine en quantité suffisante pour manger trois repas par jour. Et celles et ceux qui travaillent d'arrache-pied pour produire notre nourriture font partie des plus touché·es : un·e agriculteur ou agricultrice sur cinq vit sous le seuil de pauvreté dans notre pays.

Finalement, nous payons trois fois notre alimentation : il y a le prix à la caisse quand on fait ses courses, mais aussi les coûts cachés de ce système agroalimentaire, à deux niveaux : d'une part l'argent public injecté pour soutenir ce modèle à la dérive (subventions, niches fiscales...) et d'autre part les coûts liés à l'impact sur la santé et sur l'environnement. Une ardoise salée, nous y reviendrons.

Comment on en est arrivé là ? C'est ce que nous allons creuser dans la deuxième partie de cet ouvrage.

Puis, après une plongée du côté de nos assiettes et une meilleure compréhension des aberrations de ce système inacceptable, la troisième partie va nous permettre d'élargir le champ et de passer à l'action. Trop, c'est trop. Il y a urgence. Une urgence à (ré)agir, ensemble. Une urgence à faire contrepoids citoyen face à l'irresponsabilité et l'inconséquence de politiques trop souvent menées au détriment du plus grand nombre. Des contrepoids non violents mais puissants. Une urgence à ne pas laisser faire sans rien dire. Une urgence à envoyer un message clair : les systèmes de domination, les attaques contre l'intérêt général, l'impunité, ça suffit. Une urgence à métaboliser notre colère en énergie pour changer les choses. C'est mon mécanisme de survie depuis des années et c'est ce que j'ai envie de partager aujourd'hui encore plus largement, avec vous. Je ne peux pas m'arrêter, parce que si je ne transforme pas cette colère en mouvement et en actions, je ne sais pas ce qui pourrait arriver. Regarder immobile, figée, l'insoutenable ?

Non. Nous voulons du changement, une transition vers une société plus juste et plus durable. Une société dans laquelle on recrée du lien sans avoir besoin de camper sur les ronds-points. Nous voulons être acteurs et actrices de ces changements. Reprendre notre pouvoir. Nous voulons agir, ensemble. Ensemble, c'est aussi dans notre diversité : ruraux, urbains, employé·es, entrepreneuses, entrepreneurs, agricultrices, agriculteurs, fonctionnaires, artistes, artisan·es, indépendant·es, chômeuses, chômeurs, rétraité·es, étudiant·es de tous poils. Cette diversité est également indispensable dans le monde politique, aujourd'hui verrouillé par une classe dominante en uniforme : très majoritairement masculine, aisée, urbaine, surdiplômée, blanche, valide, hétérosexuelle. Comment penser la société et l'organiser différemment si le pouvoir reste dans cet entre-soi, sclérosé dans une pensée unique qui cherche à nous convaincre qu'il n'y en a pas d'autres ?

Je sais, beaucoup d'entre vous n'y croient pas. Pensent que c'est totalement inutile, que nous sommes impuissant·es à changer les choses. Je l'ai tant entendu. Et je comprends. C'est tellement ce que le discours dominant veut nous faire croire. Alors on accepte l'inacceptable, on subit ? Bien sûr que non. Venez, tentons. L'histoire est remplie de mouvements de résistance et de désobéissance civile non-violente qui ont fait bouger les lignes et la société. Je vais vous en raconter quelques exemples dans la partie trois pour inspirer nos résistances.

La suite reste à inventer.

PREMIÈRE PARTIE

Un système agroalimentaire à la dérive

La faim est une question politique, pas agricole. [...] L'idée que la nourriture est une marchandise comme une autre a fait son temps.

Olivier de Schutter, rapporteur
spécial de l'ONU sur l'extrême
pauvreté et les droits de l'homme,
ancien rapporteur spécial de l'ONU
sur le droit à l'alimentation

De la faim à la malbouffe : les deux faces violentes d'un système défaillant

Lorsque j'ai décidé de m'engager dans des missions humanitaires il y a une vingtaine d'années, j'ai choisi Action contre la faim parce que je trouvais intolérable que près de 800 millions de personnes dans le monde souffrent de ce fléau, la faim. Je pensais aussi qu'il était plus utile d'aller soutenir les populations dans les zones de guerre, loin, parce que je me disais qu'en Europe, dans nos pays riches, on avait toutes les ressources nécessaires pour mettre à disposition de toutes et tous une alimentation de qualité. Ce que je n'avais pas vu venir, c'est que se nourrir allait devenir en soi en quelques années un problème aussi grave que la faim, avec la déferlante de produits industriels inadaptés qui s'est mise à inonder les marchés mondiaux. Partout. Non seulement la faim est loin de reculer, loin mais aussi ici, mais un nombre encore plus grand de personnes subit les conséquences de ce système qui nous submerge de ses produits alimentaires toujours plus transformés et bourrés de sucre, de gras et de sel. Cela paraît fou, et pourtant… Commençons par jeter un œil dans les rayons des supermarchés.

Supermarchés : le saut d'obstacles

Faire ses courses aujourd'hui est un sport de haut niveau !

Premier obstacle, s'y retrouver dans le dédale de la désinformation : marketing tape-à-l'œil qui induit en erreur, mise en avant sur les emballages d'ingrédients – souvent alléchants ou vendeurs – présents en toute petite quantité (ici un guacamole qui ne contient que 13 % d'avocat, le premier ingrédient étant... de l'eau, là un gaspacho basilic avec de belles feuilles de plante aromatique sur l'étiquette mais seulement... 0,2 % de basilic à l'intérieur), emballages surdimensionnés mais « pleins de vide » (comme ces emballages de lardons fumés vides à plus de 50 %) et même flagrant délit de *shrinkflation (réduflation)* et de *cheapflation,* quand, tranquilles, les marques baissent la quantité de vos produits ou changent les ingrédients en catimini et augmentent le prix au kilo dans votre dos... Les plus aguerries vous imposent ces deux types d'inflation masquée dans un même produit, en réduisant à la fois la quantité totale et la liste d'ingrédients, sans vous en informer clairement. C'est le cas par exemple de Findus, avec son colin d'Alaska à la bordelaise épinglé par Foodwatch début 2024[1] qui arrive à cumuler une double arnaque : le poids total qui rétrécit de 400 grammes à 380 grammes *(réduflation)* et la part de chair de poisson qui diminue de 75 % à 71 %, tout en voyant le prix au kilo s'envoler de 47 %. Trop forts !

Sans compter les mentions qui ne veulent rien dire pour masquer une réalité qui dérange, comme les surimis Fleury Michon qui annoncent fièrement

1. « "Cheapflation" : Lactalis-Nestlé, Le Gaulois, Fleury Michon... De nouvelles marques épinglées par Foodwatch », *France Info*, 18 avril 2024.

« nouvelle recette, sans conservateur, sans colorant artificiel » sur l'emballage pour détourner l'attention et mieux cacher qu'ils ont réduit la quantité de poisson de 11 %... Au fait, l'ancienne recette ne contenait de toute façon ni colorants ni conservateurs et, au passage, le prix au kilo a bondi de 40 % ! Sic.

Deuxième épreuve, esquiver les produits potentiellement dangereux pour votre santé, surtout dans le dédale des produits ultra-transformés. Ah oui, on ne vous a pas dit ? Bien sûr que la réglementation européenne[1] et la loi française interdisent de commercialiser des produits qui présentent des risques pour la santé. Mais ça, c'est sur le papier... parce qu'en réalité, dans les rayons se baladent des additifs controversés mais toujours autorisés (coucou les nitrites ajoutés – E249, E250, E251, E252 – et l'aspartame !), des résidus de pesticides, des perturbateurs endocriniens, etc. Et, cerise sur le gâteau : quand vous mélangez ces invités dans les produits alimentaires, ils peuvent générer des effets cocktails chimiques insondables qui inquiètent de plus en plus les toxicologues.

Autre difficulté, résister à vos enfants qui, elles et eux, ne peuvent résister aux sirènes du marketing de la malbouffe. Il faut dire que les marques mettent le paquet pour vous rendre la tâche difficile ! Tigres, lapins et jeux-concours sur les emballages, mascottes rigolotes à la télévision, tout est fait pour les attirer vers les produits trop gras, trop sucrés, trop salés. Alors bien sûr une petite voix vous met mal à l'aise quand vous finissez par acheter ces céréales, véritable bombe de sucre. Rangez cette culpabilité au placard,

1. C'est ce que stipule l'article 14 du règlement (CE) n° 178/2002 du Parlement européen et du Conseil du 28 janvier 2002 établissant les principes généraux et les prescriptions générales de la législation alimentaire, instituant l'Autorité européenne de sécurité des aliments et fixant des procédures relatives à la sécurité des denrées alimentaires.

parce qu'aujourd'hui, les stratégies de pub invasives pour ces produits sont totalement hors de contrôle[1]. Le quotidien de votre progéniture est envahi de partenariats avec des influenceurs ou avec leurs stars préférées, de placements de produits sur les réseaux sociaux, d'« advergames » – jeux vidéo qui font la promotion de marques – et autres matraquages publicitaires[2]. Du matin au soir, les enfants baignent dans un environnement obésogène qui les encourage à préférer des aliments mauvais pour leur santé. Vraiment pas facile de passer cette épreuve. C'est à la source qu'il faut agir, en interdisant ces pratiques de marketing et en rendant le logo nutritionnel Nutri-score obligatoire.

Et surtout, surtout, faites la chasse au sucre caché qui est partout... même dans des boîtes de conserve de légumes verts !

Alors, comment faire ? Aller s'approvisionner ailleurs que dans le labyrinthe des grandes surfaces offre clairement de meilleures options, surtout si vous avez la chance de pouvoir accéder à des produits de qualité par des chaînes de circuits courts. Mais puisque nous parlons ici des supermarchés, notons qu'il y a quand même quelques astuces pour contourner au mieux les pièges dans le dédale des rayons :

- bien regarder les listes d'ingrédients – en gardant en tête qu'ils apparaissent dans l'ordre décroissant, donc ceux en plus grande quantité en premier ;
- privilégier les listes les plus courtes et donc éviter les produits ultra-transformés bourrés d'intrus ;

1. « Pourquoi il faut mettre fin au matraquage publicitaire des industriels de la malbouffe sur nos enfants », tribune initiée par Foodwatch et publiée le 28 octobre 2023, consultable sur le site foodwatch.fr.
2. Enquêtes de Foodwatch et article « Les enfants, cibles du marketing de la malbouffe : l'heure de l'action politique », 13 septembre 2023.

- être vigilant·es face au marketing ;
- faire attention au prix au kilo ou au litre plutôt qu'à l'unité ;
- enfin, comme des millions d'entre vous le font déjà, sortir l'appli Yuka de votre poche et scanner les produits. C'est clair, dans cette jungle, l'application indépendante donne un sérieux coup de main en regardant pour vous la qualité nutritionnelle, la présence d'additifs et si le produit est bio ou pas. D'ailleurs, Foodwatch collabore régulièrement avec l'équipe de Yuka, qui pallie en partie le manque de transparence de ce système.

Et donc une appli et, ouf, tout va bien ? Pas vraiment… Qui peut accepter ce système qui nous réduit à dépendre d'un smartphone et d'une application pour vérifier la note des produits et choisir… le moins dangereux pour notre santé et celle de nos enfants ? C'est surréaliste, non ?

Et ça n'est pas tout, ce parcours de combattant·e n'est que la partie émergée de l'iceberg. En lame de fond, le système agroalimentaire actuel creuse les inégalités et la précarité, pèse lourdement sur notre santé, fait exploser les coûts cachés de la malbouffe et détruit le vivant.

Faim et malbouffe

La faim dans le monde continue de faire souffrir plus de 730 millions de personnes[1]. Un chiffre qui ne diminue pas.

1. 735 millions en 2022, selon le Sofi, le rapport de la FAO (l'Organisation des Nations unies pour l'alimentation et l'agriculture) sur l'état de la sécurité alimentaire et de la nutrition dans le monde.

En France, des millions de gens sont confrontés à l'insécurité alimentaire. Des millions… J'ai beau le savoir, j'ai beau l'écrire, je n'en reviens toujours pas. Et j'ai honte. Je m'en frotte encore les yeux, me dis qu'il faut que je vérifie, que cela n'est pas possible dans ce pays, septième puissance économique mondiale… C'est pourtant la triste réalité : estimé à 8 millions il y a dix ans[1], ce chiffre a explosé avec l'inflation alimentaire de ces dernières années – dont certains ont bien profité… Ça aussi, comptez sur moi : nous y reviendrons !

Concrètement, une personne sur trois en France n'a pas accès à une alimentation saine en quantité suffisante pour manger trois repas par jour[2]. L'aide alimentaire a quasiment doublé en dix ans, avec déjà 7 millions de personnes qui y avaient recours en 2020[3]. Des chiffres qui continuent de grimper, sans compter les millions de personnes qui n'osent pas s'y présenter…

Et l'ironie de ce système est que celles et ceux qui, justement, travaillent d'arrache-pied pour produire notre nourriture sont parmi les plus touché·es : quasiment un·e agricultrice ou agriculteur sur cinq vit sous le seuil de pauvreté[4].

Mais cela n'est pas tout, car la pauvreté porte un double fardeau : les mêmes familles sont souvent à la fois victimes de la faim *et* de la malbouffe et ses conséquences.

---

1. Une étude de l'Anses rapporte que 11 % de la population française était en situation d'insécurité alimentaire en 2014. Voir Anses (2017), « Étude individuelle nationale des consommations alimentaires 3 » (Inca 3).
2. Résultats du 17e baromètre « Privations et peur du lendemain », Ipsos et Secours populaire français (2023).
3. Source : Direction générale de la cohésion sociale.
4. Source : Insee.

Précarité alimentaire et double peine

Pour les personnes les plus précaires, c'est la double peine : elles payent un prix encore plus fort, car plus les budgets sont serrés, plus il est difficile d'accéder à une alimentation de qualité.

Les ménages qui peinent à boucler leurs fins de mois n'ont d'autre choix que de sacrifier une partie de leur budget alimentation, devenu la variable d'ajustement quand on doit aussi payer le logement et l'énergie. Et on sait que lorsque les moyens financiers viennent à manquer, les populations les plus fragiles n'ont plus accès aux aliments les plus sains (fruits, légumes, etc.), car ils sont très souvent plus chers par calorie que les produits ultra-transformés mis sur le marché. Elles se tournent vers des produits moins chers, riches en énergie mais de faible qualité nutritionnelle[1]. Ces produits bon marché, très riches en graisses, en sucres et en sel, très caloriques, sont très pauvres en micronutriments, mais ils permettent de fournir une sensation de satiété, de ne plus avoir faim.

Résultat : la consommation de fruits et légumes, de fibres et de légumineuses est beaucoup trop faible en France par rapport aux recommandations nutritionnelles, alors que c'est vraiment la meilleure façon d'équilibrer les apports de protéines végétales et animales. Cette situation est d'autant plus accentuée selon la classe sociale, puisque les cadres consomment en moyenne 50 % de fruits et légumes en plus que les ouvriers[2].

---

1. « Vers une alimentation durable : Un enjeu sanitaire, social, territorial et environnemental majeur pour la France », le rapport publié par le Sénat en 2020 est une excellente source pour résumer le lien de cause à effets entre pauvreté et précarité alimentaire. Disponible sur senat.fr.

2. Indication, sur la base du chiffre d'un rapport de l'Anses de 2017 : « Étude individuelle nationale des consommations alimentaires 3 » (Inca 3).

Autrement dit, on laisse toute une partie de la population entendre à longueur de journée une campagne de communication publique qui leur explique qu'il faut manger cinq fruits et légumes par jour, sans leur en donner ni les moyens ni l'accès. C'est d'une violence…

Le coût élevé des régimes alimentaires sains, associé à la persistance de niveaux élevés d'inégalité des revenus, met ces régimes sains hors de portée d'environ 3 milliards de personnes dans le monde, en particulier les plus pauvres[1].

Les personnes en situation de précarité financière sont aussi les premières victimes de maladies liées à une mauvaise alimentation. « En étant près de deux fois plus répandue au sein des catégories les plus modestes, l'obésité est au carrefour des inégalités sociales et des inégalités de santé », alerte un rapport[2].

Quand se nourrir devient un danger pour la santé

Tout le monde connaît les enjeux d'une alimentation saine pour la santé[3]. Un rapport du Sénat titrait même « L'alimentation est le premier facteur de risque évitable de mauvaise santé[4] ».

1. « The State of Food Security and Nutrition in the World, transforming food systems for food security, improved nutrition and affordable healthy diets for all », FAO, 2021.
2. Rapport « Mieux prévenir et prendre en charge l'obésité en France » de Martine Laville, professeure de nutrition à l'université Claude-Bernard de Lyon, 2023.
3. Voir notamment Mathilde Touvier, « Rôle de la nutrition dans la prévention des maladies chroniques : état des connaissances scientifiques et recommandations », 11 avril 2023. Mathilde Touvier est directrice de recherche à l'Inserm et investigatrice principale de l'étude NutriNet-Santé, titulaire de la chaire Santé publique du Collège de France
4. Rapport publié par le Sénat en 2020, déjà cité.

Pourtant, le constat est vraiment alarmant. Le surpoids touche près de la moitié des adultes[1] et un enfant ou adolescent sur six dans notre pays.

À l'échelle mondiale, 43 % des adultes sont en surpoids[2]. On parle de 2,5 milliards de personnes. Une personne sur huit est obèse, dont 890 millions d'adultes, un chiffre qui a plus que doublé depuis 1990 et quadruplé chez les adolescents.

L'Organisation mondiale de la santé (OMS) parle d'une épidémie… dont les coûts directs et indirects sont hallucinants. Le coût social de la surcharge pondérale était déjà estimé à 20,4 milliards d'euros par an en France en 2012[3] – et ce chiffre a dû exploser depuis, mais il n'est pas mis à jour officiellement. Et cela ne s'arrête pas là : surpoids et obésité s'accompagnent de complications favorisant diabète, maladies cardiovasculaires et cancers. France Stratégie souligne par exemple la forte croissance du diabète de type 2 ces vingt dernières années, qui touche 4,6 % de la population, pour un coût annuel de 7,7 milliards d'euros[4].

Plus révoltant encore, ce système profondément injuste se gave d'un argent public qui manque cruellement partout. Une récente étude sur le prix de l'alimentation publiée par le Secours catholique et d'autres associations[5] conclut :

---

1. Inserm (2012) Enquête épidémiologique nationale sur le surpoids et l'obésité. Résultats de l'enquête ObÉpi. URL : https://presse.inserm.fr/wp-content/uploads/2012/10/obepi_2012.pdf.

2. « Obésité et surpoids », Organisation mondiale de la santé (OMS), chiffres 2022

3. « Obésité : quelles conséquences pour l'économie et comment les limiter ? », étude de la direction générale du Trésor, 2016 sur chiffres 2012.

4. « Pour une alimentation saine et durable », France Stratégie, 2021. Le rapport ajoute : « Les enjeux de santé publique associés à la nutrition restent importants en France, avec en particulier la forte croissance du diabète de type 2 ces vingt dernières années, qui touche 4,6 % de la population, pour un coût annuel de 7,7 milliards d'euros. »

5. « L'injuste prix de notre alimentation : quels coûts pour la société et la planète ? », étude publiée par le Secours catholique – Caritas France, le réseau Civam,

> *Si l'on additionne les soutiens publics – 48,3 milliards d'euros de subventions et exonérations fiscales et sociales – et les dépenses publiques pour réparer et compenser – 19 milliards d'euros –, ce sont 67 milliards d'euros que nous mettons en commun et qui entretiennent un système à bout de souffle.*

Et ces montants sont des estimations « a minima », précise l'étude.

La FAO, l'Organisation des Nations unies pour l'alimentation et l'agriculture, estime quant à elle l'ensemble des coûts cachés directs mais aussi indirects qu'induit notre système agroalimentaire à 177 milliards de dollars par an en France (près de 160 milliards d'euros), dont les trois quarts en coûts de santé[1]. À l'échelle mondiale, la FAO estime ces coûts à plus de 12 700 milliards de dollars, soit plus de 11 400 milliards d'euros, dont 73 % en coûts liés à la santé. C'est proprement vertigineux.

Après le scandale de la vache folle, l'Union européenne s'est pourtant dotée d'une législation sur l'alimentation qui se veut protectrice[2]. Le règlement 178/2002 est très clair et se décline sur les additifs, les pesticides, les contaminants, l'information sur les produits alimentaires, etc. Il stipule par exemple dans son article 14 : « Aucune denrée alimentaire n'est mise sur le marché si elle est dangereuse pour la santé. » Autrement dit, aucune substance qui présente un risque pour la santé ne devrait être autorisée dans l'alimentation. Cela paraît tomber sous le

---

Solidarité Paysans et la Fédération française des diabétiques, avec le cabinet Le Basic (sur la base de données de 2021), 17 septembre 2024.

1. « The State of Food and Agriculture, revealing the True Cost of Food to Transform Agrifood Systems », FAO, 2023.

2. Règlement (CE) n° 178/2002 du Parlement européen et du Conseil du 28 janvier 2002 établissant les principes généraux et les prescriptions générales de la législation alimentaire, instituant l'Autorité européenne de sécurité des aliments et fixant des procédures relatives à la sécurité des denrées alimentaires.

sens, d'autant plus que la législation européenne s'appuie sur le principe de précaution, également présent dans la Constitution française. Selon ce principe, dès lors que des études scientifiques mettent en lumière un risque crédible pour la santé ou l'environnement, les législateurs ont le pouvoir d'en décider l'interdiction. En d'autres termes, la charge de la preuve est sur les fabricants : c'est à eux de prouver l'innocuité de leurs produits, c'est-à-dire qu'ils ne présentent pas de danger. Donc la mise au ban de pesticides comme le glyphosate et d'additifs comme ceux à base de nitrites et nitrates ou l'aspartame, pour ne citer qu'eux, ne devrait être qu'une formalité... On en est loin. Le problème est que cet arsenal législatif a des trous dans la raquette et, surtout, n'est pas suffisamment mis en œuvre dans les États membres européens. Pas assez de moyens, pas assez de contrôles, pas assez de sanctions dissuasives, pas assez de règles pour concrétiser les ambitions de la législation européenne. Trop de laisser-faire aux mastodontes qui ont la mainmise sur notre alimentation.

Nos assiettes sous contrôle

Le choix le plus sain devrait être le choix le plus simple. Et le droit de toutes et tous à accéder à une alimentation saine, choisie, durable, abordable, devrait être assuré. Mais la réalité est tout autre et va beaucoup plus loin qu'un simple besoin d'*éducation* à la *bonne* alimentation, comme on l'entend souvent. Car la question du choix est de fait très limitée et orientée. Voilà comment une poignée d'acteurs contrôle vos assiettes, décide de la qualité de votre alimentation et fixe les prix, créant de toutes pièces un marché à deux vitesses : des produits de qualité pour celles et ceux qui ont les moyens et des produits de piètre qualité à bas prix pour les autres – « à bas prix » mais à coûts exorbitants pour la santé, la société et l'environnement !

L'écran de fumée de la consommation responsable

Vous entendez cette petite musique sur la consommation responsable ? C'est celle qui veut vous faire porter le chapeau pour faire diversion : il y a trop de malbouffe dans les rayons ? C'est parce que les gens en achètent ! Il y a trop de gens en surpoids ? C'est parce qu'ils font les mauvais choix et achètent de la malbouffe ! Les agricultrices et agriculteurs sont mal rémunéré·es et n'arrivent pas à vivre dignement de leur production ? C'est parce que les consommateurs et consommatrices exigent une alimentation à bas prix !

Soyons sérieux. A-t-on vraiment le choix dans les rayons des supermarchés, pour toutes les bourses ? Les personnes achètent-elles vraiment des produits de mauvaise qualité par bêtise ou plaisir ? Quand j'ai rencontré Fatima Belouarrak dans les loges avant un débat[1] sur France 2 auquel elle était invitée en tant qu'adhérente du réseau Vrac[2], la première chose qu'elle m'a dite a été : « Vous savez, on n'est pas idiots, on sait quels aliments sont bons pour notre santé et celle de nos enfants, mais on ne peut pas se les offrir. » Je l'ai invitée à le dire haut et fort devant les caméras, car c'est vraiment le cœur du problème. Ce qu'elle a fait, courageusement.

Cet autre témoignage d'une personne dans la précarité, issu d'un web-documentaire sur la démocratie alimentaire[3], en dit long aussi :

> *Je vois qu'à une époque je gagnais bien ma vie et je me nourrissais bien et je voyais vraiment la différence [sur ma santé], par exemple les articulations. C'est malheureusement dans les moments où il n'y a pas de sous qu'on se nourrit très mal et qu'on se rend malades. On le sait en plus qu'on raccourcit le temps de vie en faisant ça, on le sait hein ! Mais à un moment il faut manger, là sur le coup, sinon, le temps de vie il est encore plus raccourci.*

1. « Alimentation : À qui profite la hausse des prix ? », documentaire et débat animé par Marie Drucker, France 2, 6 février 2024.
2. Vrac, pour « Vers un réseau d'achats en commun », est une association pour fournir une alimentation durable et de qualité à toutes et tous y compris dans les quartiers précaires.
3. « La démocratie alimentaire, une utopie réaliste ? », Kamea Meah Films, épisode hors série du web-documentaire *Sortir du ring* disponible sur youtube.com.

Pour Magali Ramel, docteure en droit public qui travaille depuis plus de dix ans sur le droit à l'alimentation[1] :

> *Il y a par exemple de fortes injonctions qui pèsent sur les personnes précaires afin qu'elles adoptent des comportements alimentaires durables. Mais cela est impossible au regard de ce qui leur est accessible et proposé dans les enseignes de hard discount ou de grande distribution. En clair, si on estime que cette offre ne répond pas aux exigences de qualité requises d'un point de vue sanitaire ou environnemental, alors attaquons-nous à ceux qui organisent cette mise en marché, au lieu de culpabiliser les personnes qui fréquentent ces lieux, souvent faute de mieux. Reconnaître et protéger l'accès digne de tous à une alimentation suffisante et de qualité, c'est venir réinterroger l'ensemble des maillons des systèmes alimentaires au regard de ces exigences.*

En effet, quelle honte de mettre la responsabilité sur les individus et de chercher à les culpabiliser ! Tout ça pour faire diversion et s'arranger pour qu'on ne parle pas des vrais responsables : ceux qui contrôlent ce système et veulent faire perdurer un climat d'impunité qui permet à quelques-uns de profiter sur le dos de tous les autres.

L'industrialisation de l'alimentation

Soyons clairs, je ne compte plus les études et les expert·es qui soulignent à quel point c'est l'offre alimentaire et son cadre qui influencent de façon significative les achats et la consommation.

---

1. Laura Martin-Meyer, « L'alimentation est bien plus qu'un ventre à remplir », entretien avec Magali Ramel, *Revue Sesame*, 2012/2, n° 12, Cairn Info.

Un récent rapport de l'OMS par exemple montre clairement « comment les acteurs commerciaux de divers secteurs, notamment les combustibles fossiles, le tabac, l'alcool et l'alimentation, usent de pratiques quasi identiques pour façonner les environnements structurels, politiques et d'information. Leurs principaux objectifs sont de générer des profits, de maximiser les ventes de produits et de stimuler la consommation[1] ». Le rapport estime que ces quatre industries causent à elles seules 2,7 millions de décès chaque année en Europe.

Dans ce système ultracapitaliste où les individus et leurs achats ne sont que des parts de marché, l'industrie agroalimentaire ne s'est pas privée de recettes pour maximiser ses volumes de vente et ses profits. Alors qu'ils prétendent être des *alliés* des consommatrices et consommateurs et de leur pouvoir d'achat en mettant en rayon des produits *bon marché,* le choix le moins cher mis en avant est trop souvent synonyme de malbouffe : des produits ultra-transformés, bon marché, riches en matières grasses, en sucres et en sel. De véritables bombes à retardement caloriques, addictives, appauvries en fibres, en vitamines et en minéraux.

Les industriels l'ont en effet (trop bien) compris, les produits ultra-transformés offrent beaucoup d'avantages marketing et sont très rentables : présentés comme très appétissants, avec des textures chatoyantes, prêts à consommer donc pratiques, et avec une durée de conservation souvent intéressante, ils sont aussi faits pour être agréables au palais et

1. Communiqué de presse de l'Organisation mondiale de la santé : « Quatre industries à elles seules causent 2,7 millions de décès chaque année dans la Région européenne. Un nouveau rapport de l'OMS souligne comment les grandes industries alimentent les maladies chroniques, entravent les politiques de santé et ciblent les personnes vulnérables », 12 juin 2024.

alimenter le cercle vicieux de nos addictions, comme celle bien connue de notre cerveau au sucre.

Résultat : près d'un tiers des apports caloriques journaliers des Français·es viendrait d'aliments ultra-transformés[1] : plats cuisinés, biscuits industriels, etc. Le problème est que ces produits faits d'ingrédients transformés par des procédés industriels – fractionnement (ou *cracking*), soufflage, cuisson-extrusion, hydrogénation – auxquels sont ajoutés nombre d'intrus (arômes, additifs – émulsifiants, exhausteurs de goût ou antioxydants) cachent souvent une faible qualité nutritionnelle. Selon l'Inserm[2] :

> *Il s'agit en effet souvent de produits non seulement riches en sel, en sucres et/ou en graisses saturées, mais aussi pauvres en fibres et en vitamines. Par ailleurs, les procédés de transformation impliqués dans leur préparation modifient leur structure au point d'affecter la vitesse à laquelle nous les ingérons puis les digérons.*

Au final, de plus en plus d'études scientifiques pointent du doigt de sérieux risques pour la santé en cas de consommation importante d'alimentation ultra-transformée.

Jean-David Zeitoun, docteur en médecine et en épidémiologie clinique, dénonce le fait que l'industrie agroalimentaire n'a pas hésité à dégrader la qualité des produits pour faire baisser les prix et vendre plus, sans se soucier des conséquences. Il résume :

> *La transformation des aliments est un phénomène motivé par le business, un business qui n'avait pas prévu*

1. « Pas si super – C'est quoi un aliment ultra-transformé ? », article publié par l'Inserm (Institut national de la santé et de la recherche médicale), mis à jour le 26 avril 2024.
2. *Ibid.*

> *la production de maladies, puis qui l'a niée et qui la conteste encore*[1].

Expert·es et institutions européennes insistent également sur la responsabilité de l'industrie agroalimentaire et sur le besoin de changer l'offre. Un avis scientifique de conseillers de la Commission européenne confirme ainsi en juin 2023[2] :

> *Les exploitants du secteur agroalimentaire au milieu de la chaîne d'approvisionnement – comme les détaillants et les entreprises de transformation – détiennent généralement plus de pouvoir que les autres acteurs du système alimentaire et exercent par conséquent une influence importante sur les choix alimentaires des consommateurs.*

Mais qui sont ces acteurs qui pèsent tant sur notre système alimentaire et sur notre consommation quotidienne ?

La mainmise de géants sur le marché agroalimentaire

Imaginez les acteurs de la chaîne de production alimentaire : en amont, des milliers de producteurs et productrices – 390 000 exploitations agricoles en France métropolitaine en 2020 selon l'Insee, un nombre qui ne cesse néanmoins de diminuer – et en bout de chaîne des millions de consommatrices et consommateurs, ou, comme on les appelle aussi, de

1. Jean-David Zeitoun, *Le suicide de l'espèce. Comment les activités humaines produisent de plus en plus de maladies*, Paris, Denoël, 2023.

2. « Vers une consommation alimentaire durable », groupe de conseillers scientifiques principaux (SAM), avis scientifique n° 14, juin 2023, en vue de l'élaboration de politiques pour la Commission européenne (étayé par le rapport d'analyse des données probantes [ERR] n° 12 du consortium SAPEA).

mangeuses et *mangeurs*. Entre les deux, c'est un véritable goulet d'étranglement avec une poignée d'acteurs qui domine et contrôle les maillons clé de la production agroalimentaire.

Dès le début de la chaîne, semences et intrants sont verrouillés. À l'échelle mondiale, les six principales entreprises du secteur agrochimique contrôlent 60 % du marché des pesticides et des fertilisants et six entreprises contrôlent 58 % du marché des semences[1]. Quant au commerce mondial des céréales, les géants ABCD (Archer Daniels Midland, Bunge, Cargill et Louis-Dreyfus) en contrôlent au moins 70 %. Ces quatre compagnies, « puissantes comme des États » comme le note *Le Figaro*[2], en profitent pour jouer sur l'opacité des stocks et la spéculation financière pour faire monter les prix quand bon leur semble[3].

Spéculer sur la faim

La financiarisation de notre alimentation commence dans les champs, avant même que les céréales ne poussent. Les marchés financiers ont en effet bien compris que la spéculation sur les matières premières agricoles pouvait rapporter gros. Ils ne s'en privent donc pas, même – et surtout, devrais-je dire – en temps de crise. Si le cours du blé a atteint des niveaux records en 2022, à 440 € la tonne[4], ce n'est

1. Source de ces chiffres : infographie ETC Group. 2022. Food Barons 2022, vu dans Ipes-Food, 2023, « Qui fait pencher la balance ? L'influence croissante des grandes entreprises dans la gouvernance des systèmes alimentaires et comment la contrer ».

2. AFP et Richard Flurin, « Qui sont ces géants de l'agroalimentaire dont les bénéfices ont bondi avec la flambée des prix ? », *Le Figaro*, 24 février 2023.

3. « Inflation, quand les spéculateurs profitent de la crise alimentaire », publication de Foodwatch France et du CCFD, juin 2023.

4. Le blé a atteint près de 440 € la tonne la semaine du 8 mars 2022, soit une augmentation de près de 70 % depuis le début de l'année – il a connu un nouveau pic à 438 € la tonne la semaine du 16 mai 2022, contre une cotation à 230 € la

pas seulement la conséquence de la crise sanitaire du Covid-19 et de l'agression russe en Ukraine. La spéculation de vautours financiers a été un facteur aggravant de la flambée des prix. En juin 2022, près de 70 % des achats sur le marché du blé étaient en effet effectués par des acteurs financiers, et 80 % des achats étaient purement spéculatifs, d'après une étude du CCFD-Terres solidaires publiée avec Foodwatch[1]. Les dix plus gros fonds d'investissement présents sur les marchés financiers des céréales et du soja ont réalisé près de 2 milliards de dollars de profits au premier trimestre 2022[2].

Les spéculateurs se font du beurre sur ce qu'on appelle *les marchés à terme*. Ce sont des marchés parallèles aux marchés physiques, qui permettent de regrouper un grand nombre d'acteurs pour négocier à l'avance les prix de futures productions. Plutôt que d'y échanger des matières premières comme sur un marché classique, il s'y s'échange des contrats d'achat ou de vente de marchandises, à un volume et un prix fixé, pour une date ultérieure. Ces *marchés papiers* ont vocation d'assurance prix pour les acteurs commerciaux (agriculteurs, coopératives, négociants, entreprises agroalimentaires ou fabricants d'aliments pour bétail), qui assurent ainsi leurs ventes ou achats futurs à des prix déterminés à l'avance. Si le système existait depuis longtemps, il s'est ouvert aux matières premières agricoles dans les années 1990-2000[3], période

---

tonne en mai 2021. Source : Laurence Girard, « Depuis le début de la guerre en Ukraine, les prix du blé ont dépassé des sommets », *Le Monde*, 9 mars 2022.

1. *Ibid.*

2. Enquête Lighthouse, avril 2023, https://www.lighthousereports.com/investigation/exposed-the-hedge-funds-cashing-in-on-the-food-price-spike/, copubliée avec *The Guardian* : https://www.theguardian.com/world/2023/apr/14/hedge-funds-profit-ukraine-war-food-price-surge.

3. Le blé arrive sur le Marché à terme international de France (Matif) en 1998.

à partir de laquelle on assiste à une dérégulation croissante des politiques agricoles et commerciales.

L'intention initiale de ces marchés, donner de la visibilité de prix aux acteurs liés réellement à la production et la commercialisation des céréales, a du sens. Le problème vient des profiteurs de ce système qui ne sont pas liés à la production de céréales mais y entrent par la fenêtre pour jouer sur les prix virtuels des matières premières agricoles (c'est-à-dire les prix tirés des paris en ligne et non directement corrélés à la production et la commercialisation matérielles de ces céréales). Ils y sont d'autant plus nombreux que la volatilité des prix des matières premières agricoles – en fonction des aléas climatiques par exemple – rend ce marché très attractif pour des activités de spéculation : plus les prix fluctuent, plus les acteurs financiers sur ces marchés peuvent effectuer des paris à la hausse ou à la baisse, et empocher des gains.

Depuis 2008, plusieurs mesures ont été mises en place pour mieux réguler ces marchés, mais cela reste totalement insuffisant. Les matières premières agricoles, essentielles au droit à l'alimentation de tous les peuples, ne devraient pas être considérées comme des « marchandises » économiques sur lesquelles on peut spéculer.

Privatisation et limitation des semences

D'ailleurs, même les semences sont devenues des marchandises. De moins en moins variées et de plus en plus privatisées, les semences sont otages de la confiscation des biens communs dans une guerre de l'ombre[1]. Seules les semences listées dans un

1. Yves Manguy, « Privatisation des semences : une guerre de l'ombre se livre depuis un siècle », *Basta Mag*, 4 février 2014.

catalogue officiel sont autorisées. De plus, le type de semences utilisées est de plus en plus réduit et la grande majorité des semences mises sur le marché sont des semences *hybrides*. Ces types de semences (dont les gènes sont croisés, et non pas modifiés comme dans les OGM) permettent aux industriels de la vente de graines de valoriser la forme, la taille, la couleur, la productivité ou même la conservation des légumes produits.

Ces variétés faciles à produire sont très recherchées par les maraîchers pour respecter des cahiers des charges contraignants et avoir la possibilité de vendre leurs produits finis sur le marché. Là encore, ce sont les règles imposées par les distributeurs qui conditionnent en très grande partie la production alimentaire…

Une standardisation très lucrative et d'autant plus inquiétante qu'elle va de pair avec leur privatisation grandissante. En effet, les graines hybrides (F1) ne peuvent pas être ressemées d'une année sur l'autre. Les semenciers sont donc assurés de revendre autant de graines chaque année, en rendant dépendants les producteurs et productrices de ces fruits, légumes et fleurs.

De plus, s'il n'est pas possible de breveter des plantes dans l'Union européenne, les semences qui ont fait l'objet de manipulations technologiques sont considérées comme des « innovations techniques », qui quant à elles peuvent être brevetées. Privatisées, elles font l'objet de contrats donnant le droit de les exploiter, mais aussi de ressemer les graines issues des premières récoltes – ce qui par le passé était une pratique très courante. Nora Bouazzouni, journaliste et autrice du formidable essai *Mangez les riches*, dénonce :

En plus de créer une relation de dépendance à Bayer & co., de favoriser les grands industriels, d'encourager une agriculture conventionnelle et productiviste, cette appropriation du vivant participe à l'érosion de la biodiversité, à la pollution environnementale et menace notre santé ainsi que la sécurité alimentaire[1].

Les mastodontes de l'aval

Dans ce marché toujours plus concentré, plus en aval et en zoomant sur la France, les soixante-dix grandes entreprises de l'agroalimentaire et les géants de la distribution font la pluie et le beau temps.

Dans les rayons des supermarchés, il semble y avoir l'embarras du choix entre les marques. Prenons par exemple Coco Pops, Frosties, Smacks, Cheerios ou Chocapic au rayon céréales : derrière cette illusion de variété se cachent seulement deux géants agro-industriels qui trustent 75 % du marché des céréales du petit-déjeuner en France – Kellog's et Cereal Partners Worldwide, cette dernière ayant été cofondée en 1990 par Nestlé et General Mills[2] ! Dans l'alimentation infantile, Danone (Blédina) et Nestlé se partagent plus des trois quarts du marché ; et Lactalis et Sodiaal, 72 % du rayon lait. Autre exemple avec le jambon cuit de porc : plus de 90 % des ventes pour Herta et Fleury Michon[3].

Côté grande distribution, la concentration est encore plus flagrante. Cinq groupes de supermarchés contrôlent plus de 80 % du marché en France et plus des trois quarts des dépenses alimentaires ont lieu en

1. Nora Bouazzouni, *Mangez les riches. La lutte des classes passe par l'assiette*, Paris, Nouriturfu, 2023.

2. Hors marques de distributeurs (MDD). Source : AFP, « Eaux, lait, céréales : comment une poignée d'acteurs dominent les rayons des supermarchés », 15 avril 2024.

3. Art. cit.

grandes surfaces[1] : E. Leclerc, Carrefour, Intermarché, Auchan et Système U (rebaptisé Coopérative U). Et l'entonnoir se resserre encore avec la pression qu'ils exercent sur les prix en se regroupant dans une poignée de centrales d'achat communes qui contrôlent la majorité du marché alimentaire et dont les alliances changent régulièrement[2].

Ces acteurs, dominant le marché alimentaire, imposent leurs conditions aux fournisseurs et décident de tout en rayon : ce qu'on y trouve, à quel prix, sur quels produits des promotions sont offertes, etc. Et force est de constater qu'ils sont loin de favoriser les produits sains et durables, et surtout pas pour celles et ceux qui ont le moins de moyens. Au contraire :

- leur offre est orientée vers l'ultra-transformation : les aliments ultra-transformés représentent environ sept produits sur dix dans l'offre des supermarchés[3] ;
- leurs fameux « prix bas » et autres « promos » flèchent beaucoup trop souvent des produits de la malbouffe. Serait-ce parce que, pour les produits plus quali, il y aurait un marché avec les consommateurs et consommatrices qui ont davantage les moyens ? Donc pas d'intérêt économique à baisser le prix de ces produits sains

1. D'après les chiffres consolidés par Le Basic, cités dans l'étude « L'injuste prix de notre alimentation. Quels coûts pour la société et la planète ? » publiée le 17 septembre 2024.

2. « Le nouveau mercato des centrales d'achat européennes fragilise Super U », ilec.asso.fr, 24 septembre 2024. Par ailleurs, le fonctionnement de ces centrales d'achat et le rapport de force qu'elles imposent dans les négociations avec les producteurs et productrices est décrit par une commission d'enquête parlementaire de 2019, dont le rapport en deux tomes est décapant.

3. Selon les sources mentionnées dans la publication *Qui veille au grain ?* par les Greniers d'Abondance en 2022, disponible sur resiliencealimentaire.org.

et durables qui deviennent des produits de luxe ? Le point suivant le laisse à penser…
- ils ont tendance à marger davantage sur les produits les plus sains et durables, puisque les personnes les plus aisées sont prêtes à payer un peu plus cher pour des produits de qualité et peuvent se le permettre. Et peu importe que ces prix rendent au passage ces produits inaccessibles à des millions de gens : l'UFC – Que choisir dénonçait déjà en 2019 une marge sur les fruits et légumes bio en moyenne 75 % plus élevée que sur les mêmes produits conventionnels dans les supermarchés.

Et cela ne s'est pas arrangé avec la crise de l'inflation alimentaire…

Les profiteurs de l'inflation

À l'automne 2023, les prix alimentaires affichaient une inflation de plus de 20 % en France sur deux ans, les queues aux Restos du Cœur et autres associations d'urgence ont explosé et, pendant ce temps, les patrons de la grande distribution et de l'industrie agroalimentaire – vous comprendrez pourquoi il n'y a pas besoin d'écriture inclusive dans cette phrase – ont défilé les uns après les autres sur les plateaux de télé en se passant la patate chaude : « L'inflation alimentaire, c'est pas moi c'est l'autre. » Mon sang n'a fait qu'un tour : il y avait forcément des profiteurs !

J'ai travaillé avec une économiste pour m'aider à creuser le peu de chiffres disponibles dans ce climat d'omerta sur les prix, embarqué mon équipe dans cette nouvelle enquête, consulté chercheurs, chercheuses et expert·es, fait le tour d'acteurs de terrain pour bien comprendre les enjeux sur la précarité alimentaire et... bingo ! Les enseignes de la grande distribution et les géants de l'industrie agroalimentaire ne pouvaient plus jouer au poker menteur et à « pas vu, pas pris ». Ils profitaient bel et bien tous de la crise et on pouvait le démontrer : la marge de l'industrie agroalimentaire avait atteint un niveau historique de 48 % mi-2023[1] et celle de la grande distribution avait augmenté de façon significative sur certains rayons de première nécessité comme les pâtes, les légumes ou encore le lait[2]. Les vingt plus grosses entreprises agroalimentaires au niveau mondial avaient réalisé des profits record sur les deux dernières années, en distribuant plus de 53 milliards de dollars à leurs actionnaires[3].

Même les institutions financières ont tiré la sonnette d'alarme sur ces profits excessifs au plus fort de la crise en 2023. Fonds monétaire international (FMI) et Banque centrale européenne (BCE) ont dénoncé une augmentation des prix bien au-delà de ce que les coûts de production exigeaient. Au point que les économistes du FMI ont parlé de ces bénéfices comme d'un facteur aggravant de l'inflation[4]. En France, le président de l'Autorité de la concurrence leur a emboîté le pas dès juin 2023 en ces termes : « Deux tiers de l'inflation dans la zone euro viennent des profits des

1. La marge brute de l'industrie agroalimentaire est passée à 48 % au 2e trimestre de 2023, d'après l'Insee, Comptes nationaux trimestriels au premier trimestre 2023. Voir aussi : « Comment les profits alimentent l'inflation », *Alternatives économiques*, 18 septembre 2023

2. Entre 2021 et 2022, la marge brute de la distribution en GMS a augmenté de 57 % sur les pâtes alimentaires toutes gammes, de 12,7 % sur un panier saisonnier de légumes, de 27,8 % sur le lait demi-écrémé UHT, de 1,4 % sur l'emmental toutes gammes, selon l'Observatoire de la formation des prix et des marges alimentaires (OFPM) (chiffres relevés en novembre 2023). Autres sources à retrouver dans le communiqué de presse de Foodwatch du 29 novembre 2023 : « Inflation alimentaire : il est urgent d'en finir avec les profits opaques des industriels et des distributeurs ».

3. Enquête Lighthouse, avril 2023, *op. cit.*

4. Lionel Maugin, « La course aux profits, première cause de l'inflation », *60 millions de consommateurs*, 31 juillet 2023.

entreprises[1] ». Pour que ces institutions alertent, c'est vraiment qu'il y a des pratiques abusives…

Pourtant, les marchands de sable de la grande distribution continuent leur rengaine. Cherchant à se faire passer pour les alliés du pouvoir d'achat des consommateurs et des consommatrices (*sic*), ils adorent répéter que leurs marges sont en fait très faibles, de l'ordre de 2 à 4 % au global sur leurs magasins. Mais voilà, ce que les économistes m'ont expliqué, c'est qu'ils ne parlent pas de « marge globale » par hasard. Tout d'abord, 4 % d'un gros volume, ça fait un important chiffre d'affaires – particulièrement obscène dans une période d'inflation aussi drastique. Mais il y a plus insidieux : les responsables de magasins jouent sur des marges très importantes sur certains rayons et compensent avec d'autres – un casse-tête sophistiqué et totalement opaque pour vous qui arpentez les supermarchés.

Cela ne serait pas un problème si cette opacité ne cachait pas des marges excessives en catimini sur les rayons les plus sains (les fruits et légumes, le bio, etc.), pour compenser des rayons moins rentables et des produits d'appel à marges plus faibles. Ainsi, l'association Familles rurales a révélé dans son *Observatoire des prix des fruits et légumes* de 2023 une augmentation des prix de 16 % en un an de leur panier composé de 19 fruits et légumes, soit 3,5 fois plus que l'inflation générale :

> *En une décennie (2013-2023), ces hausses de prix ont atteint +43 % d'augmentation pour les fruits et +73 % pour les légumes selon l'Insee.*

1. Voir l'interview de Benoît Cœuré, président de l'Autorité de la concurrence, ancien membre du directoire de la Banque centrale européenne (BCE), « "Il y a un risque que l'inflation dure" si "les entreprises en profitent" », *France Info*, 19 juin 2023.

L'association explique les mécanismes à l'œuvre :

> *En 2021, c'est notamment grâce aux bénéfices du rayon fruits et légumes : +247 millions d'euros après impôts, que la grande distribution a couvert les pertes de son rayon boulangerie/pâtisserie : –65 millions d'euros, où est la logique ?*

Même le Sénat a dénoncé, dès son rapport de juillet 2022, ces abus sur la hausse des prix de vente :

> *Ces pratiques seraient facilitées par le fait que les consommateurs s'attendent, de toute façon, à constater une forte inflation dans les rayons : dès lors, augmenter le prix de vente « discrétionnairement », sans même que le prix d'achat n'ait été revu à la hausse, permet à celui qui met en œuvre cette pratique d'accroître sa marge en jouant sur l'ignorance du consommateur*[1].

Cerise sur le gâteau, la grande distribution a également surfé sur la tendance de nombreuses personnes à se rabattre sur plus de produits de marques de distributeurs (MDD), gagnant en sus des parts de marché. L'inflation a du bon pour certains, décidément !

D'ailleurs, aucune des grandes enseignes n'a répondu à l'appel de Foodwatch, Familles rurales et l'UFC – Que choisir de mettre cartes sur table en étant enfin transparentes sur les marges qu'elles font par produits. Sur les plateaux télé, elles m'ont répondu en opinant de la tête pour laisser penser qu'elles n'avaient rien à se reprocher, mais nous attendons toujours la transparence que nous exigeons.

Quant à l'État, Emmanuel Macron et Bruno Le Maire s'étaient engagés publiquement en septembre 2023 à

1. Sénat, « Négociations commerciales et inflation : des tensions inédites, des pratiques contestables », rapport d'information n° 799 (2021-2022), déposé le 19 juillet 2022.

modérer les marges sur les produits alimentaires, au plus fort de l'inflation et… on attend toujours – enfin non : on va continuer à se battre plus que jamais. Néanmoins, tant que nous gouvernera une politique néolibérale forcenée, toute mesure obligatoire sur les marges et les prix sera vue comme de l'interventionnisme de l'État, indésirable voire intolérable. Alors qu'il s'agit bel et bien d'assurer le droit fondamental d'accès pour toutes et tous à une alimentation saine.

Bref, pour le moment, on doit donc continuer à se contenter des informations de l'Observatoire de la formation des prix et des marges (OFPM), sous l'égide de l'État. Un premier pas, mais qui reste très limité. On est loin de la transparence nécessaire : l'Observatoire ne suit la construction des prix que pour 34 produits, essentiellement des produits bruts (par ex. viande fraîche, volaille) ou des produits très peu transformés (par ex. fromage, yaourt). À la demande des industriels (*sic*), l'OFPM ne publie que les marges moyennes réalisées par l'ensemble des acteurs et par grandes familles d'aliments, empêchant ainsi de connaître la marge réalisée sur un produit par chaque maillon de la chaîne jusqu'au distributeur. Et pour couronner le tout, ces données sont publiées de manière très tardive avec généralement un an de retard.

Revenus des agricultrices et agriculteurs : le bras de fer

Ce climat d'opacité inacceptable sur la construction des prix se fait aussi au détriment d'une grande partie de celles et ceux qui sont au tout début de la chaîne de valeur de notre alimentation : les producteurs et productrices, éleveurs et éleveuses. Un bras de fer totalement déséquilibré qui en réduit un·e sur cinq à vivre en dessous du seuil de pauvreté. Comment est-ce possible ?

En France, les prix de vente des matières premières agricoles et des produits alimentaires entre les producteurs et productrices, les acteurs de l'industrie agroalimentaire et la grande distribution font l'objet de cycles de négociations chaque année. Dans ces négociations tendues, les gros industriels et les acteurs de la grande distribution instaurent un rapport de force réputé féroce, exerçant une pression sur les prix en passant par leurs centrales d'achat, qui concentrent tous les pouvoirs et, bien sûr, les marges restent opaques.

Pour muscler un peu les producteurs et productrices dans ce bras de fer sur les prix de vente de leurs produits face aux industriels et à la grande distribution, ainsi que pour leur garantir une rémunération correcte, la loi EGalim 1 puis 2 (loi agriculture et alimentation en 2018 et 2022) visait à garantir comme base le prix réel de production et leur assurer un revenu digne. La loi a ainsi introduit un mécanisme de transparence du prix des matières premières achetées par les fournisseurs et la sanctuarisation de la valeur de celles-ci dans les prix de vente.

Mais les tout-puissants distributeurs sont rois pour maintenir la pression sur leurs fournisseurs, directs et indirects et imposer leurs règles ! Pour passer sous les radars d'EGalim, rien de plus simple : ils contournent allègrement la loi en délocalisant les négociations hors de France : E. Leclerc a fondé en 2016 avec le groupe allemand Rewe une centrale d'achat commune, Eurelec Trading, située à Bruxelles, qu'a rejointe le groupe néerlandais Ahold Delhaize fin 2023 ; Carrefour a lancé à Madrid sa centrale Eureca en 2022 afin de négocier pour six pays (France, Espagne, Italie, Belgique, Roumanie et Pologne) tandis qu'Intermarché, Auchan et Casino ont créé une supercentrale, Aura Retail, qui a rejoint la centrale européenne Everest. Si bien qu'aujourd'hui, près de la moitié des volumes vendus par la grande distribution en France serait négociée par des centrales d'achat implantées à l'étranger, selon un rapport parlementaire de mars 2024[1]. Tout-va-bien.

Pour tenter de colmater ces brèches, EGalim 3 est venue renforcer l'arsenal juridique visant à protéger les producteurs et productrices en 2023 : cette loi aussi appelée « loi Descrozaille » oblige à soumettre au droit français les négociations qui concernent les produits destinés à être vendus sur le territoire national. Une loi qui devrait suffire à faire rentrer les distributeurs dans le rang ? Bien sûr que non, ils ont préféré contester juridiquement cette règle du jeu, qui vise pourtant à assurer un revenu décent aux agriculteurs et agricultrices en France. Ainsi le lobby de la grande distribution au niveau européen, EuroCommerce, a porté plainte auprès de la Commission européenne en décembre 2023, prétextant que la loi française enfreint les règles de l'Union européenne sur la libre circulation des biens et des services au sein du marché unique, puisque selon eux la loi empêcherait les grossistes d'acheter des produits à un niveau européen. C'est décidément plutôt ces géants économiques qui se croient au-dessus des lois…

Au final, le prix que vous voyez affiché dans les rayons est décidé par les distributeurs. Le problème est que ni vous ni moi ne saurons jamais quelle marge ils ont prise par produits. Cela veut dire que, dans ce jeu de poker menteur, nous ne saurons jamais à quel point ils ont profité de leur position dominante à la

1. Rapport d'information par la commission des Affaires économiques de l'Assemblée nationale sur l'application de la loi n° 2023-221 du 30 mars 2023 tendant à renforcer l'équilibre dans les relations commerciales entre fournisseurs et distributeurs.

fois sur leurs fournisseurs pour les compresser et sur les consommateurs et consommatrices pour gonfler artificiellement les prix.

Quant à l'Ania, la principale organisation représentative des agro-industriels, il ne faut décidément pas compter sur elle… Leur président, Jean-Philippe André, expliquait en février 2024 :

> *Le contexte a beaucoup changé en l'espace de quatre ou cinq mois. En juillet, la priorité était de « baisser » les prix mais depuis une semaine, c'est « respecter les matières premières agricoles »*[1].

Faire semblant à ce point de ne pas comprendre que l'industrie agroalimentaire a une responsabilité de respecter les deux bouts de la chaîne dans la construction de ses marges, c'est grave et d'une mauvaise foi criminelle.

1. https://actu.fr/economie/inflation-les-prix-vont-ils-baisser-avec-la-fin-des-negociations-commerciales_60642787.html.

Le cercle vicieux de l'agriculture et de l'élevage intensifs

Disons-le d'emblée en introduction de ce chapitre : il est hors de question de faire porter le chapeau des effets négatifs du système agricole actuel aux agriculteurs et agricultrices. Non seulement ils et elles exercent un métier très exigeant dans des conditions souvent difficiles, mais en plus, même s'il existe des agricultures vraiment différentes, ils n'ont la plupart du temps pas choisi ce modèle et en sont les premières victimes. L'industrialisation massive de l'agriculture lancée dans les années 1960 a été poussée à l'excès. Ce modèle de production intensive a été largement imposé aux producteurs et productrices, entraînant nombre d'entre eux et elles dans le cercle vicieux infernal des dettes (achats de machines, agrandissement, nouveaux bâtiments, etc.) et d'une dépendance totale à ce système débridé.

On ne peut pas non plus feindre d'ignorer les effets destructeurs, aujourd'hui largement documentés, de cette agriculture industrielle biberonnée aux intrants chimiques sur la biodiversité, le climat et la santé (des riverains, des mangeurs et des agriculteurs). En dégradant les terres, en polluant les rivières et les nappes phréatiques et en décimant les pollinisateurs et le reste de la biodiversité, c'est notre outil même de production et donc notre capacité à produire notre alimentation que nous mettons en danger. De plus, depuis cinquante ans, le nombre de paysan·nes est en chute libre et nos campagnes se vident. On ne peut pas faire comme si on ne voyait pas le mur dans lequel on fonce.

La question de l'élevage intensif est également centrale dans les débats sur l'impact de notre alimentation. En effet, même s'il faut distinguer quand on parle d'élevage des systèmes aussi différents que les immenses *feed lots* américains par exemple – où des dizaines de milliers de bovins sont parqués et engraissés – et les élevages de bovins dans les pâturages de montagne, globalement cela soulève des préoccupations à la fois en matière de santé et de bien-être animal, mais aussi plus largement d'impact environnemental et même de souveraineté et de sécurité alimentaires.

Et que dire, pour ne pas oublier l'océan, qui fait face aux mêmes enjeux et aux mêmes jeux de pouvoir de lobbies, du bilan catastrophique de la pêche industrielle et des chaluts de fond tant sur le plan environnemental que social et économique. Des méthodes de pêche destructrices que continue pourtant de soutenir et de subventionner la puissance publique[1].

En résultent deux évidences : il est vital d'opérer une transition de nos systèmes agricoles et alimentaires – et de pêche – vers des solutions plus économes, autonomes et résilientes et il est indispensable d'accompagner dignement agriculteurs et agricultrices, éleveurs et éleveuses dans cette transition.

---

1. « Pêche industrielle : un modèle destructeur massivement subventionné », article de *Reporterre,* 24 janvier 2024 ; sur la base du rapport « Changer de cap : pour une transition sociale-écologique des pêches », publié le 24 janvier par l'ONG française Bloom – créée par Claire Nouvian –, en collaboration avec The Shift Project, des chercheurs de l'Institut Agro, de l'AgroParisTech et de l'EHESS-CNRS et le soutien de la coopérative L'Atelier des jours à venir.

Mais pour cela, il va falloir faire bouger le discours dominant et surmonter de très nombreux obstacles.

Non, il ne faut pas choisir entre production agricole et protection de l'environnement

Début 2024, des centaines de tracteurs bloquent routes et grandes villes : la colère des agriculteurs et agricultrices gronde. Leur principal problème : les règles de protection environnementale. Ils ne veulent pas mieux protéger la biodiversité, ni les sols. Ils exigent qu'on les laisse utiliser pesticides et autres produits phytosanitaires à leur guise, même s'il est clair que ce sont eux et elles les premières victimes !

Vraiment ?... C'est du moins la version qu'a imposée le lobby de ceux qui profitent du système actuel et ne veulent surtout pas que ça change. À commencer par la FNSEA, syndicat puissant qui a l'oreille du ministre de l'Agriculture depuis des années.

En réalité, ce que la grande majorité des agriculteurs et agricultrices réclament avant tout, c'est de pouvoir vivre dignement de leur production. À juste titre.

Mais là aussi, c'est la loi du plus fort. Une minorité de gros exploitants tire profit du système industriel qui envoie une large partie du monde agricole dans le mur. Ils s'approprient une grosse part du gâteau, en particulier les subventions de la politique agricole commune européenne (Pac). Plus on est gros, plus on touche, vu que la Pac est basée essentiellement sur la taille des exploitations agricoles. Avec 53,7 milliards d'euros en 2023, la Pac[1] maintient sous perfusion le modèle agricole dominant et aide peu les petits

1. https://agriculture.gouv.fr/infographie-la-politique-agricole-commune-2021-2027-montant-annuel-par-pays.

agriculteurs et agricultrices. À l'échelle européenne, 20 % des plus gros acteurs agricoles se partagent ainsi 80 % des subventions. En France, premier pays bénéficiaire avec 9 milliards d'euros par an, les 20 % d'exploitants les plus gros mettent la main sur 50 % du pactole.

Dans ce jeu de dupes, les normes environnementales sont utilisées comme bouc émissaire. Les lobbies des pesticides et d'une agriculture industrielle ultra-productiviste ont voulu faire croire que les mesures de préservation de la nature, des sols, de la biodiversité étaient de trop grosses contraintes pour leur rentabilité. Ils le martèlent dans les médias, prétendant que la principale raison de la colère du monde agricole est la lourdeur des contraintes environnementales imposées, et envoient des courriers aux décideurs politiques européens pour bloquer de telles mesures – nous y reviendrons dans la deuxième partie. Et surtout, arrêter les pesticides obligerait les exploitants à changer de modèle, ce que les lobbies de l'agrochimie ne souhaitent évidemment pas. Pour servir leurs seuls intérêts, ces derniers préfèrent poursuivre la fuite en avant d'une production industrielle dopée aux pesticides et autres intrants chimiques, quitte à hypothéquer la santé, l'environnement et notre capacité à produire demain.

Côté santé, un rapport de l'Efsa, l'Autorité européenne de sécurité des aliments, a une fois de plus démontré début 2024 l'ampleur du sujet, en révélant que plus de 40 % des fruits et légumes européens contiennent des résidus de pesticides[1]. Dans plus de la moitié des cas, les consommateurs sont exposés à plusieurs résidus de pesticides en même temps. Les effets

1. « European consumers still heavily exposed to pesticides, Efsa downplays inconvenient truths », *Pesticides Action Network (PAN)*, 23 avril 2024.

cocktails ne sont toujours pas pris en compte par les régulateurs, alors que la science continue à mettre en garde contre les risques pour la santé humaine d'une telle exposition combinée[1].

Quant à l'impact de l'élevage, l'Organisation des Nations unies pour l'alimentation et l'agriculture (FAO) souligne qu'il est à l'origine de 12 % des émissions de gaz à effet de serre causées par l'homme[2]. C'est énorme. L'impact climatique de la production de viandes et laitages dépend aussi du type de production animale. Selon la FAO, l'élevage de bovins est en tête des sources d'émissions (62 %), suivi par celui des porcs (14 %), des poulets (9 %), des buffles (8 %) et des moutons et chèvres (7 %). Un kilo de bœuf a un impact climatique plus élevé parce que les ruminants produisent d'importantes quantités de méthane – un gaz qui contribue fortement à l'effet de serre – et qu'ils vivent plus longtemps que les poulets industriels. Mais il ne faut pas s'arrêter à l'impact climatique : l'importante pression exercée par l'élevage sur les ressources en eau et en terres est à ce titre extrêmement préoccupante. Selon l'INRAe, il faut entre 550 et 700 litres d'eau pour produire 1 kilo de viande de bœuf[3]. Une estimation plus basse que celles mises en avant par d'autres experts. Mais même si les estimations varient, une chose est claire : c'est colossal et c'est beaucoup plus que pour produire le même volume de protéines végétales. Sans parler des effluents d'élevage – en particulier venant des élevages de porcs industriels – qui contribuent à la pollution

1. Voir par exemple l'étude « Prendre en compte les effets des pesticides dans les procédures réglementaires », INRAe (Institut national de recherche pour l'agriculture, l'alimentation et l'environnement), 1er juillet 2020.

2. « L'élevage est responsable de 12 % des émissions humaines de gaz à effet de serre, selon l'ONU », *Le Monde* avec AFP, 8 décembre 2023.

3. INRAe, « Quelques idées fausses sur la viande et l'élevage », 19 décembre 2019.

des eaux – et des sols –, notamment par les nitrates mais également par des pathogènes et des résidus médicamenteux (par exemple, les antibiotiques). Par ailleurs, l'élevage intensif accentue la pression sur la répartition d'utilisation des terres. 26 % des terres émergées de la planète sont utilisées pour le pâturage du bétail et un tiers des *terres cultivables* est exploité pour produire l'alimentation des animaux, selon la FAO[1]. Même si l'INRAe rappelle, pour nuancer, que 86 % de l'alimentation animale n'est pas consommable par l'être humain – expliquant que plus de 70 % de la ration des ruminants est composée de fourrages (herbe, foin, ensilage, enrubannage) –, il n'en reste pas moins que les légumineuses cultivées sont aujourd'hui majoritairement destinées à l'alimentation animale, tout comme une part importante de la production céréalière (maïs, blé, orge)[2]. De plus, dégager l'espace nécessaire aux pâturages et aux cultures indispensables à leur alimentation est également une cause de déforestation directe ou indirecte.

Réconcilier agriculture et élevage avec l'environnement est décidément urgent et indispensable. Et il ne s'agit pas de faire le procès d'un type d'élevage en particulier, car, aujourd'hui, l'ensemble des élevages industriels (vaches, cochons, volailles…) sont un problème pour l'environnement et le climat. Réduire notre consommation de protéine animale et revenir à des modes de production respectueux de l'environnement, des animaux et des agriculteurs et agricultrices, est la seule solution.

---

1. https://www.fao.org/4/ar591f/ar591f.pdf.
2. https://groupes-filieres.hub.inrae.fr/content/download/373/2995?version=1.

Souveraineté alimentaire : le grand détournement

Depuis la pandémie de Covid et l'invasion de l'Ukraine, la notion de « souveraineté alimentaire » s'est imposée dans le débat public – au point d'être apparue dans l'intitulé du ministère de l'Agriculture en 2022. On l'a entendue dans toutes les bouches. Mais il y a un hic. Cet objectif indispensable, juste, universel est totalement détourné de son sens, utilisé trop souvent pour tenter de justifier le modèle d'agriculture productiviste actuel alors qu'il exige tout l'inverse.

La souveraineté alimentaire, reconnue dans le droit international depuis 2018, est en effet définie ainsi par les Nations unies[1] :

> *Le droit des populations de définir leurs systèmes alimentaires et agricoles sans nuire à la souveraineté alimentaire et au droit à l'alimentation des pays tiers. Ceci inclut le droit de participer à l'élaboration des politiques alimentaires et agricoles qui les concernent, et le droit à une nourriture saine et suffisante produite par des méthodes écologiques et durables.*

La déclaration internationale dite « de Nyéléni », un groupe de 500 représentants de plus de 80 pays, d'organisations de paysan·nes, pêcheurs et pêcheuses, éleveurs et éleveuses, peuples autochtones, travailleuses et travailleurs ruraux, consommateurs et consommatrices, est encore plus claire[2] :

1. La Déclaration des Nations unies sur les droits des paysans et des autres personnes travaillant dans les zones rurales (ou Undrop, son acronyme anglais) est une résolution juridiquement non contraignante, à portée universelle, adoptée par l'Assemblée générale des Nations unies en décembre 2018.)
2. Déclaration fondatrice de Nyéléni, 13 mars 2007.

> *La souveraineté alimentaire promeut un commerce transparent qui garantisse un revenu juste à tous les peuples et les droits des consommateurs à contrôler leurs aliments et leur alimentation. Elle garantit que les droits d'utiliser et de gérer nos terres, territoires, eaux, semences, bétail et biodiversité soient aux mains de ceux et celles qui produisent les aliments. La souveraineté alimentaire implique de nouvelles relations sociales, sans oppression et inégalités entre les hommes et les femmes, les peuples, les groupes raciaux, les classes sociales et les générations.*

Il s'agit donc du droit des populations à choisir leur alimentation mais aussi les politiques agricoles et commerciales qui vont avec, en intégrant les dimensions sociale, économique, politique et environnementale.

C'est précisément ce dont nous avons besoin, collectivement : remettre du droit universel et de la démocratie dans nos assiettes. Or, la rhétorique des décideurs politiques et des lobbies de l'agrochimie détourne cet impératif de « souveraineté alimentaire ». En fait, eux parlent plutôt d'un objectif d'*autonomie* alimentaire, qu'ils brandissent pour justifier le modèle agricole ultra-productiviste, censé en être la garantie. C'est pourtant une contre-vérité aberrante. Comme le démontrent nombre d'expert·es, notre système agricole intensif actuel est largement dépendant de l'utilisation mais aussi des importations massives de pesticides et de fertilisants et donc, s'enfermer dans ce modèle revient à s'enfermer dans cette dépendance[1,2].

1. Voir par exemple la tribune de Jean-Christophe Bureau, professeur d'économie à Agro Paris Tech : « Une "souveraineté alimentaire", vraiment ? Si Gabriel Attal voulait promouvoir une réelle souveraineté alimentaire, c'est une agriculture "plus autonome et plus économe" qu'il inscrirait dans la loi ? », *Les Échos*, 5 mars 2024.

2. Voir le communiqué de presse : « Foodwatch international présente un rapport critique sur la dépendance de l'Europe aux pesticides et une stratégie pour s'en débarrasser d'ici 10 ans », 30 juin 2022.

L'élevage intensif et la consommation de viande trop importante alimentent eux aussi ce cercle vicieux d'un système verrouillé de dépendance. Car le système agricole et alimentaire industriel est fortement importateur et utilisateur non seulement d'intrants (produits phytosanitaires, engrais azotés de synthèse), mais aussi d'alimentation pour les animaux, et même de viande produite hors de l'UE avec des normes sanitaires et environnementales moins contraignantes – ce qui est un des écueils du très controversé accord de commerce UE-Mercosur.

En réalité, l'argumentaire qui consiste à marteler qu'il faut accentuer les modes de production intensifs et produire plus avec plus de pesticides pour *nourrir le monde* est aussi connu que faux. La quantité de nourriture produite n'est pas du tout le problème. Le problème est la façon dont cette nourriture est produite et les injustes inégalités d'accès à cette alimentation. C'est d'ailleurs ce qu'ont répété haut et fort plus de 660 experts et scientifiques à travers le monde dans une tribune parue juste après le déclenchement de la guerre en Ukraine[1] :

> *L'insécurité alimentaire mondiale n'est pas due à une pénurie de nourriture. Elle est due à une distribution inégale. Il y a plus qu'assez de nourriture pour nourrir le monde, même en cette période de guerre. Cependant, les céréales sont données aux animaux, utilisées comme biocarburants ou gaspillées au lieu de nourrir les personnes affamées.*

Et cette tribune de conclure :

> *Faire reculer la réglementation environnementale pour augmenter la production alimentaire ne résoudrait pas la*

1. « We need a food system transformation – in the face of the Ukraine war, now more than ever », mai 2022.

crise. Cela nous éloignerait encore plus d'un système alimentaire fiable, résistant aux chocs futurs et offrant des régimes alimentaires sains et durables.

L'espoir avait grandi quand l'Union européenne a porté un projet ambitieux avec la stratégie du « Pacte vert » (Green Deal) et « De la ferme à la fourchette » (Farm to fork) en 2020, initiant enfin une transition agricole et alimentaire, assortie d'une forte réduction de fertilisants et de pesticides issus de la chimie. Mais, comme nous le verrons dans la deuxième partie, les lobbies sont spécialistes pour entraver et retarder les bonnes décisions. On a donc pour le moment malheureusement assisté à une série de rétropédalages désolants : après le renouvellement totalement scandaleux de l'autorisation du glyphosate dans l'Union européenne pour dix ans fin 2023, la Commission et le Parlement européens ont décidé en mars 2024, sous la pression des tracteurs envahissant les rues de Bruxelles, de revenir dans l'urgence sur les ambitions du Pacte vert.

La France avait donné le ton en cédant début 2024 aux pressions des manifestations et lobbies agricoles. Pour donner des gages aux plus virulents, le Premier ministre Gabriel Attal avait notamment annoncé la mise en pause du plan Écophyto, censé planifier la réduction de l'usage des pesticides. Ce plan non contraignant devait permettre entre autres de soutenir la recherche et les agriculteurs et agricultrices pour expérimenter des alternatives aux pesticides. Sa mise en pause n'est en rien une réduction de *contraintes*, mais une victoire de l'industrie chimique face à une tentative de se passer d'elle et des barons agricoles qui en dépendent.

Cette fuite en avant a encore été renforcée par les arbitrages imposés par le gouvernement sur la version de la loi d'orientation agricole (LOA) adoptée à l'Assemblée nationale fin mai 2024. Deux articles sont particulièrement révélateurs d'une tendance inquiétante : le premier permet de dépénaliser les atteintes aux espèces et habitats protégés. En exigeant de prouver l'intentionnalité de ces atteintes, y compris par des acteurs industriels, il empêcherait concrètement les poursuites pour négligence ou imprudence, qui représentent l'immense majorité des cas. Certains qualifient cette décision d'une des pires régressions du droit de l'environnement. L'autre, l'article 15, pourrait accélérer et faciliter la construction de fermes-usines et de méga-bassines – ces énormes réservoirs artificiels qui accaparent de l'eau pour quelques grosses exploitations agricoles – en compliquant les recours juridiques contre ces projets.

Pour couronner le tout, il a fallu la mobilisation et la pression des associations, de médias et de certain·es député·es pour que le gouvernement réintègre à cette loi des objectifs chiffrés pour développer « les pratiques agroécologiques » : 21 % de surface agricole utile en bio et 10 % en légumineuses d'ici à 2030.

Oui, l'agroécologie peut nourrir tout le monde

Le biologiste Marc-André Selosse, professeur au Muséum national d'histoire naturelle, ne cache pas sa colère face à ces reculs dans une tribune au titre explicite, « On ne pourra sauver l'environnement sans les agriculteurs, et réciproquement[1] » :

> *Disons-le d'emblée et avec inquiétude : notre agriculture va dans le mur, financier, écologique et sanitaire.*

1. Tribune parue dans *Le Monde*, 1er février 2024.

Il s'alarme de l'impact de l'agriculture intensive et des pratiques actuelles qui détruisent l'écosystème indispensable à la production agricole :

> *En trente ans, les pesticides ont éliminé 80 % des insectes, et en quinze ans ils ont tué 30 % des oiseaux : on voit s'effondrer la pollinisation par les insectes, qui donne graines et fruits, et disparaître la régulation des insectes indésirables par les oiseaux.*

Pour compenser et continuer à produire, il dénonce le cercle vicieux et la dépendance dans lesquels nous sommes enfermé·es : il faut toujours plus d'engrais minéraux et de pesticides, tous deux toxiques pour l'environnement et la santé, et rappelle que les agricultrices et agriculteurs en sont les premières victimes. Et pendant ce temps, s'entêter dans ce cercle vicieux retarde la mise en place d'alternatives.

Marc-André Selosse est loin d'être le seul à partager ces lourdes craintes. Les nombreux reculs du gouvernement sur la réduction des pesticides ont d'ailleurs conduit d'autres scientifiques à s'exprimer contre ces mesures, comme dans cette tribune : « Nous, chercheurs et chercheuses, dénonçons une mise au placard des connaissances scientifiques[1] ». En se référant à trois synthèses de connaissances scientifiques sur les impacts des pesticides et les solutions alternatives, qui ont mobilisé plus d'une centaine d'experts et épluché plus de 11 000 publications grâce à un travail coordonné par l'Institut national de la santé et de la recherche médicale (Inserm), l'Institut national de recherche pour l'agriculture, l'alimentation et l'environnement (INRAe) et l'Institut français de recherche pour l'exploitation de la mer (Ifremer),

1. Tribune parue dans le journal *Le Monde* le 7 février 2024 suite au recul du gouvernement sur les pesticides (et la mise en pause du plan Écophyto).

la conclusion de ces scientifiques est on ne peut plus claire :

> *Nos expertises scientifiques collectives ont démontré l'ampleur des impacts des pesticides sur la santé humaine et l'environnement, et mis en évidence des alternatives agroécologiques capables de répondre aux enjeux environnementaux tout en préservant la production agricole.*
>
> *L'objectif de réduction de l'usage de pesticides est atteignable sans opposer agriculture et environnement.*

En effet, la très bonne nouvelle est que des alternatives existent – bien meilleures pour notre santé, préservant un maximum la biodiversité et viables pour nos agriculteurs et agricultrices. Ces modèles sont basés sur les principes de l'agroécologie, c'est-à-dire une agriculture peu dépendante d'apports extérieurs (intrants), moins chimique, plus autonome et plus résiliente, qui s'appuie avant tout sur les écosystèmes naturels pour produire.

Déjà en 2014, des chercheurs de l'université de Californie à Berkeley ont effectué une méta-analyse de plus de 100 études comparant agriculture biologique et agriculture conventionnelle et ont conclu que les cultures biologiques et agroécologiques (diversité et rotation de cultures) ont des rendements proches ou équivalents à ceux des cultures fortement consommatrices de produits chimiques[1]. De plus, l'étude montre que l'agroécologie, souvent en bio ou dans des exploitations vouées à passer en bio, est la clef pour avoir une production performante et durable. Ces cultures qui privilégient la diversité, l'agroforesterie et l'association avec l'élevage sont par

1. Sarah Yang, « L'agroécologie peut nourrir le monde », *Alimenterre*, 2024, à propos de l'étude « Can organic crops compete with industrial agriculture ? », université de Berkeley, 2015.

ailleurs beaucoup plus résilientes que les cultures intensives.

Marc Dufumier, professeur d'agronomie réputé, ex-titulaire de la chaire d'agriculture comparée et de développement agricole à AgroParisTech, confirme dans son livre que *l'agroécologie peut nous sauver*[1] et peut nourrir tout le monde. Il résume dans une interview[2] :

> *Pas d'inquiétude, on peut largement nourrir 10 milliards de personnes avec une agriculture intelligente et durable. Il n'y a pas de recette unique : chaque écosystème est différent. Mais il existe des points communs, comme faire usage du plus intensif à l'hectare de ce qui est le moins coûteux économiquement : l'énergie solaire, le gaz carbonique et l'azote atmosphérique pour que les plantes fabriquent glucides, lipides et protéines. Il faut également limiter au maximum l'emploi d'énergies fossiles et de produits de synthèse.*

De nombreuses autres études publiées ces dernières années par de grands instituts ont démontré les nombreux avantages d'une gestion sans intrants massifs de l'agriculture : « Une agriculture européenne sans pesticides chimiques en 2050 ?[3] » de l'INRAe ou « Une Europe agroécologique en 2050 : une agriculture multifonctionnelle pour une alimentation saine[4] » de l'Iddri, ou encore le scénario Afterres2050[5] du bureau d'études Solgaro. Toutes s'accordent sur des systèmes agroécologiques

1. Marc Dufumier et Olivier Le Naire, *L'agroécologie peut nous sauver*, Arles, Actes Sud, 2019.
2. « L'agroécologie peut parfaitement nourrir 10 milliards d'humains », propos de Marc Dufumier recueillis par Fabien Goubet, pour *Le Temps* et *Le Monde*, 17 juin 2019.
3. https://www.inrae.fr/actualites/agriculture-europeenne-pesticides-chimiques-2050-resultats-dune-etude-prospective-inedite.
4. https://www.iddri.org/fr/publications-et-evenements/etude/une-europe-agroecologique-en-2050-une-agriculture.
5. https://afterres2050.solagro.org/.

moins dépendants à la chimie et aux énergies fossiles comme solution viable, souhaitable, durable et résiliente. Néanmoins, si elles pointent toutes dans la même direction, elles montrent aussi que ce changement ne viendra qu'avec de véritables politiques agricoles, en France, dans l'UE et au-delà autant que possible pour changer clairement de système et accompagner les agriculteurs et agricultrices, y compris les milliers qui ne parviennent pas aujourd'hui à vivre dignement de leur production, précarisé·es par un système qui les écrase.

Normes sociales et environnementales et juste prix sur les produits importés

Au-delà du prix *plancher* pour les matières premières agricoles vendues à l'industrie agroalimentaire en France, des agricultrices et agriculteurs, et en particulier la Confédération paysanne, réclament aussi l'instauration de « prix minimum d'entrée » pour les produits agricoles et alimentaires importés (qui prennent en compte les coûts de production, la rémunération et la protection sociale)[1]. Cette mesure permettrait d'éviter la concurrence déloyale de l'importation de produits de l'étranger qui ne respectent pas les mêmes normes sanitaires, environnementales et sociales plus protectrices en France. C'est d'autant plus important qu'environ la moitié des fruits et légumes commercialisés en France est désormais d'origine importée.

En effet, aussi difficile à avaler que cela puisse paraître, on importe de nombreux produits alimentaires en France et dans les autres pays de l'Union

1. Confédération paysanne, « Fruits, légumes, miel… Argumentaire pour l'instauration de prix minimum d'entrée sur les produits importés. »

européenne qui sont produits avec des normes sanitaires et environnementales moins contraignantes que sur le sol européen. C'est aussi un des risques régulièrement mis en avant dans les débats sur les accords de commerce comme le Ceta entre l'Union européenne et le Canada ou l'accord avec les pays du Mercosur (Argentine, Brésil, Paraguay, Uruguay)[1], qui menacent d'augmenter encore les volumes d'importations de ces produits.

Ainsi, par exemple, le Canada utilise encore certaines farines animales et des antibiotiques comme activateurs de croissance dans ses élevages, tout comme le Brésil, alors que c'est interdit en Europe. Le Canada a aussi recours à plus de quarante molécules de pesticides proscrites en Europe, et le Brésil en autorise des dizaines en plus. Un système d'autant plus hypocrite que l'industrie chimique continue de pouvoir produire dans l'Union européenne et exporter sur ces autres continents des pesticides pourtant interdits d'usage en Europe. Et bien sûr, vous l'avez compris, les résidus de ces pesticides reviennent par la fenêtre en France et dans les autres pays de l'Union avec des produits alimentaires importés. C'est ce qu'on appelle le boomerang toxique des pesticides[2]. Je vous en reparlerai à propos de leur lobby dans la deuxième partie du livre. Même si des seuils de « résidus de pesticides » sont officiellement imposés aux produits importés, on voit bien l'injustice pour les agriculteurs et agricultrices français et les risques de ce système pour notre santé.

1. Pour en savoir plus sur ces accords de commerce anti-démocratiques et les risques qu'ils présentent, je vous invite à lire les nombreux articles que Foodwatch a publié et les interviews et vidéos sur ces thèmes sur foodwatch.fr et la chaîne YouTube de l'association.

2. Séverine Kodjo-Grandvaux, « "Pesticides. Un colonialisme chimique" : l'effet boomerang des agrotoxiques », *Le Monde*, 16 mai 2024.

Il est également nécessaire de prendre des mesures pour les échanges intra-européens. En effet, la majorité des produits alimentaires importés provient de pays de l'Union européenne (Espagne, Italie, Allemagne…). Or les réglementations sociales et le coût du travail diffèrent d'un pays à l'autre. Cette différence peut impacter fortement le prix des produits alimentaires non mécanisables, comme dans le cas des fruits et légumes qui nécessitent une récolte à la main. Les coûts de production plus bas qui en résultent donnent lieu à de véritables distorsions de concurrence.

Pour éviter ce type de problème, le plus efficace est aussi que les normes agricoles et alimentaires soient encore plus harmonisées dans le droit européen. Ce qui ne doit pas empêcher, au contraire, des États membres d'être précurseurs, en protégeant leur marché avec des clauses de sauvegarde. En 2016, la France a par exemple suspendu l'utilisation du diméthoate, insecticide toxique utilisé contre les mouches de la cerise. Le prix au kilo des cerises produites en France avait bien sûr fortement augmenté, tandis qu'on continuait à importer moins cher d'autres pays européens des cerises toujours traitées au diméthoate. Le gouvernement français a alors activé la clause de sauvegarde nationale, pour interdire ces importations. Cela a permis de protéger à la fois les producteurs et productrices français·es de cette concurrence déloyale et les consommateurs et consommatrices de l'utilisation de cet insecticide dangereux pour la santé. Cela a aussi créé un précédent qui a abouti à l'interdiction du diméthoate dans tous les pays de l'UE en 2019.

Pour revenir au Ceta et au Mercosur, ces accords de commerce dits « de nouvelle génération » visent à une harmonisation des normes entre l'Union européenne et ses « partenaires » commerciaux, mais plutôt vers le plus petit dénominateur commun… En effet, pour les partisans d'accords de libre-échange débridé, les normes sociales et environnementales sont avant tout vues comme des barrières au commerce. Le Canada n'hésite d'ailleurs pas à faire pression sur les décideurs de l'Union pour les dissuader de prendre des mesures plus protectrices pour la santé et l'environnement, comme l'interdiction du glyphosate ou du diméthoate. Ainsi, dès la première rencontre du comité mixte de gestion des mesures sanitaires et phytosanitaires (SPS) créée par le Ceta, en mars 2018, le Canada tire à boulets rouges sur la suspension par la France du diméthoate sur son marché. On peut lire dans le compte rendu de cette réunion :

> *Paragraphe 5.6. Le Canada a fait part de ses vives préoccupations concernant […] en particulier, l'interdiction par la France des importations de cerises en provenance de pays qui ont approuvé l'utilisation de diméthoate et l'intention déclarée de l'Italie et de la France d'interdire l'utilisation du glyphosate.*

Le débat démocratique sur ces accords de commerce est beaucoup trop souvent confisqué, au prétexte que ces sujets seraient complexes, terriblement techniques, et donc réservés aux experts. En réalité, ces accords sont de vraies bombes à retardement qui auront des conséquences bien au-delà de questions commerciales, sur de nombreux aspects de notre vie quotidienne et sur l'agriculture et l'alimentation de demain.

À l'heure où j'écris ces lignes, le processus de ratification du Ceta n'est pas fini en France et, bien que la présidente de la Commission européenne ait annoncé la conclusion de l'accord UE-Mercosur le 6 décembre 2024 en dépit de l'opposition de très nombreuses organisations de la société civile et de nombre d'agriculteurs et d'agricultrices, il ne sera pas finalisé avant des débats et votes au Conseil de l'Union européenne et au Parlement européen. Autant d'interstices pour qu'on mette plus que jamais le pied dans la porte afin de bloquer ces accords et de reposer la question qui fâche : pourquoi ces passages en force ? À qui profitent ces accords de libre-échange ? C'est encore la même réponse : à une poignée d'entreprises, de gros exportateurs, parmi lesquels l'industrie des pesticides, qui va en profiter pour vendre encore plus de ces substances, même celles interdites d'usage en Europe car dangereuses pour la santé et l'environnement, mais toujours autorisées dans les champs de ces pays partenaires commerciaux de l'UE. Autant de pesticides dangereux pour les populations et l'environnement de ces pays, et qui nous reviennent en boomerang en France et dans l'UE sous forme de résidus dans les produits alimentaires que l'on importe ensuite. Un système fou.

*

Tout est lié et l'équation devrait être simple : garantir un revenu juste aux agriculteurs et agricultrices tout en produisant mieux, c'est-à-dire de façon plus autonome et durable de manière à offrir à tous et toutes une alimentation (enfin) saine, digne, durable, choisie et abordable.

Mais la réalité (pour le moment) est tout autre. Dans les champs, une minorité de barons tirent profit d'un modèle prédateur verrouillé, accro aux intrants chimiques, qui dégrade les sols, l'eau, la biodiversité et asservit les paysan·nes[1]. À l'autre bout de la chaîne, le

1. L'enquête et les témoignages récoltés par Nicolas Legendre dans son livre *Silence dans les champs* (Paris, Arthaud, prix Albert-Londres 2023) sont une mine

système agroalimentaire imposé par quelques multinationales, sous le regard trop souvent complaisant des décideurs et décideuses politiques, creuse les inégalités, la faim et industrialise la malbouffe et la fabrique des maladies chroniques à grande échelle (diabète, obésité, risques cardiovasculaires aggravés, etc.). L'OMS parle d'épidémie mondiale. Rien que ça.

Comment en est-on arrivé là ? Comment ce système se maintient-il en place ?

d'informations sur ce système et ses barons en Bretagne – industriels, politiques, coopératives, FNSEA.

DEUXIÈME PARTIE

Lobbies et Cie : la domination des intérêts privés

Depuis des décennies, dans le seul but de maintenir sur le marché des produits parfois mortels, des firmes [...] font commerce de la science, créent le conflit d'intérêts, disséminent leur propagande.

Stéphane Horel[1]

1. Stéphane Horel, *Lobbytomie. Comment les lobbies empoisonnent nos vies et nos démocraties*, Paris, La Découverte, 2020.

Des politiques sous emprise

Une poignée d'acteurs domine chaque étape de la chaîne de production alimentaire, comme nous l'avons vu plus haut. Et certains cumulent : le président de la FNSEA par exemple, Arnaud Rousseau, est également président du conseil d'administration du géant agro-industriel Avril, multinationale leader sur le marché des huiles végétales en France (Lesieur, Puget) et qui combine production alimentaire, chimie, énergie, agrocarburants, finance…

À l'échelle mondiale, le poids économique de ces géants leur donne un pouvoir très préoccupant dans les jeux d'influence politique. Un véritable rouleau compresseur, à tel point que même des institutions comme l'OMS s'en inquiètent.

Les alertes de l'Organisation mondiale de la santé

C'est ainsi qu'elle explique clairement dans un récent rapport mentionné plus haut comment quatre puissantes industries « sont derrière les problèmes de santé et la mortalité prématurée en Europe et en Asie centrale, notamment en interférant et en influant sur les efforts de prévention et de lutte contre les maladies non transmissibles (MNT), telles que les maladies cardiovasculaires, les cancers et le diabète » : le tabac, les aliments ultra-transformés, les combustibles fossiles et l'alcool[1].

Ce rapport pointe du doigt « l'influence disproportionnée du secteur commercial dans le domaine de la politique de santé » et « met en lumière le large éventail de tactiques employées par les industries pour maximiser leurs profits et nuire à la santé publique ». Il souligne les risques et « invite les pouvoirs publics à instaurer des mécanismes permettant de recenser les conflits d'intérêts et de protéger les politiques publiques de l'ingérence de l'industrie ».

Une menace sur la sécurité alimentaire

D'autres expert·es soulignent les dangers de ce phénomène grandissant, comme le *think tank* indépendant Ipes-Food qui publie en 2023 : « Qui fait pencher la balance ? L'influence croissante des grandes entreprises dans la gouvernance des systèmes alimentaires et comment la contrer[2] ». Tout est dans le titre, et ces experts des systèmes alimentaires insistent sur la nécessité de rééquilibrer les pouvoirs entre les géants de l'agroalimentaire et les institutions et responsables politiques, particulièrement dans le contexte d'inflation des prix de l'alimentation, de détérioration de

1. « Quatre industries à elles seules causent 2,7 millions de décès chaque année dans la Région européenne. Un nouveau rapport de l'OMS souligne comment les grandes industries alimentent les maladies chroniques, entravent les politiques de santé et ciblent les personnes vulnérables », Organisation mondiale de la santé, 12 juin 2024.

2. Ipes-Food, « Qui fait pencher la balance ? L'influence croissante des grandes entreprises dans la gouvernance des systèmes alimentaires et comment la contrer », 2023.

la sécurité alimentaire et de changement climatique. Leur conclusion est claire et nette :

> *L'aptitude de ces firmes multinationales à imposer leurs priorités n'a fait que croître. Sans mesures concrètes pour remédier à cette emprise des entreprises sur les processus de gouvernance, les systèmes alimentaires continueront d'être façonnés par des intérêts privés, alors que la sécurité alimentaire et le droit à l'alimentation sont plus que jamais menacés.*

Quand l'intérêt privé prime sur la santé publique

Un lobby est défini comme un « groupe de pression » par *Le Petit Larousse*. Ce mot anglais signifie à la base « couloir ». Cela décrit assez bien la réalité de leur rôle dans l'arène politique. Des groupes de pression payés par des entreprises s'agitent en coulisses pour défendre les intérêts stratégiques et économiques de leurs clients. Multiplication de rencontres avec des parlementaires et décideurs politiques, organisations de conférences, invitations à des déjeuners, dîners, évènements, envoi de notes stratégiques et d'amendements prêts à l'emploi pour changer des lois en cours de débat dans les commissions thématiques et dans l'hémicycle de l'Assemblée nationale et du Sénat. Une vraie ruche de lobbyistes affairés.

Leur premier objectif, la plupart du temps, est d'éviter, bloquer ou retarder toute nouvelle loi ou réglementation, car ils les considèrent comme des freins aux activités commerciales de leurs clients. Leur but est de continuer à faire faire autant de profits que possible à leurs clients, aussi longtemps que possible, avec le moins de contraintes possible. On peut comprendre leur logique. Ces entreprises privées et leurs groupes de pression défendent leurs intérêts privés et la quête de rentabilité maximale des actionnaires.

Soit. Sauf qu'il y a une ligne rouge foulée du pied bien trop souvent par ces mastodontes et leur armada de représentant·es : l'intérêt général. Quand ces géants et leurs cartels poussent tellement loin le bouchon de leurs intérêts qu'ils n'hésitent pas à le faire au détriment des droits fondamentaux, comme la santé publique, c'est intolérable. Or ils s'y emploient sans scrupule, comme j'en ai été témoin à de multiples reprises, ce que je vais vous raconter dans les prochains chapitres.

La prise de pouvoir des lobbies

Face au poids démesuré des lobbies dans la fabrique de la loi, des mesures ont été prises ces dernières années, visant à mieux encadrer leurs actions. La loi « Sapin II » de 2016 vise par exemple les « représentant·es d'intérêts » qui ont « pour activité principale ou régulière d'influer sur la décision publique, notamment sur le contenu d'une loi ou d'un acte réglementaire ».

Pour plus de transparence, un registre contrôlé par la Haute autorité pour la transparence de la vie publique (HATVP) a été créé. Lobbyistes, mais aussi entreprises et associations qui interviennent auprès des responsables publics doivent s'inscrire sur un répertoire et déclarer chaque année leurs activités principales, sur quels types de mesures publiques, et avec quels moyens (nombre de personnes et budget alloué). L'Union européenne a également un registre de transparence. 50 000 lobbyistes travailleraient à

Bruxelles[1]. Ils sont obligés de s'inscrire au répertoire officiel pour pouvoir accéder au Parlement européen et à ses élu·es. D'autres mesures déontologiques pour limiter leur influence ont été prises çà et là. La loi « Sapin II » interdit notamment aux « représentants d'intérêts » d'offrir des cadeaux ou avantages quelconques d'une « valeur significative » à un responsable public et les « lois pour la moralisation de la vie publique » de 2017 cherchent à limiter les risques de conflits d'intérêts entre parlementaires ou membres du gouvernement et entreprises privées. Néanmoins, la HATVP reconnaît elle-même des « insuffisances persistantes[2] ».

D'ailleurs, on assiste à un autre signe très inquiétant de cette prise de pouvoir : les lobbies ne se cachent même plus dans les coulisses des décisions politiques, ils s'affichent carrément main dans la main avec les institutions, comme si c'était tout à fait normal… C'est ce que Foodwatch a dénoncé quand l'équipe a découvert que Coca-Cola était sponsor officiel de la présidence roumaine du Conseil de l'Union européenne, début 2019 (cette présidence tourne tous les six mois parmi les États membres de l'UE). Lors de rencontres officielles, consacrées parfois à des questions de santé publique, les ministres européens étaient accueillis avec boissons gratuites, pubs et poufs rouges affublés du fameux logo Coca-Cola. Une façon assez visible de s'immiscer dans les affaires politiques de l'UE.

Un exemple parmi d'innombrables autres de leurs tactiques pour peser sur les politiques publiques, dont voici les grandes lignes et quelques histoires vécues.

---

1. « Lobbying : quels dispositifs d'encadrement dans l'Union européenne ? », 27 janvier 2023, accessible sur le site vie-publique.fr.
2. Guillaume Jacquot et François Vignal, « Encadrement des lobbys : la loi reste insuffisante », *Public Sénat*, 11 juillet 2022.

Les stratégies d'influence bien rodées des lobbies

Pour arriver à leurs fins, les lobbies déploient des stratégies bien rodées[1]. Quitte à exposer des millions de gens à des risques accrus pour la santé, comme dans les cas des additifs à base de nitrites et nitrates dans la charcuterie ou du glyphosate dans nos champs. Je peux malheureusement témoigner de ces pratiques totalement révoltantes.

La stratégie du choc

C'est une des stratégies les plus cyniques et, il faut malheureusement le reconnaître, une des plus efficaces. Il s'agit de profiter de l'état de choc d'une société aux prises avec une crise, par exemple politique ou due à une catastrophe naturelle, pour faire passer des décisions qui auraient été impensables dans un contexte normal ou bloquer de nouvelles lois plus protectrices, par exemple de la santé ou de l'environnement. Naomi Klein, journaliste d'investigation engagée, a décrit cette stratégie avec force exemples[2].

1. Stéphane Horel, *op. cit.*.
2. Naomie Klein, *La Stratégie du choc. La montée d'un capitalisme du désastre*, Arles, Actes Sud, 2008.

Des politiques néolibérales imposées après le coup d'État de Pinochet au Chili en 1973 en passant par les mesures antisociales de Margaret Thatcher qu'elle a réussi à imposer en Grande-Bretagne en détournant l'attention du peuple britannique avec la guerre menée dans les Malouines, utile objet de diversion, Naomi Klein explique :

> *J'appelle « capitalisme du désastre » ce type d'opérations consistant à lancer des raids systématiques contre la sphère publique au lendemain de cataclysmes et à traiter ces derniers comme des occasions d'engranger des profits.*

Elle cite aussi Milton Friedman, père de cette idéologie néolibérale que lui et ses équipes (appelés les « Chicago boys » du nom de l'école où ils ont été formés pour la plupart) ont colportée partout dans le monde. Pour bien comprendre cette « stratégie du choc », Naomi Klein cite Friedman se vantant, après le passage de l'ouragan Katrina en 2005 :

> *Katrina a accompli en un jour [...] ce que les réformateurs du système d'éducation ont été impuissants à faire malgré des années de travail.*

Autrement dit, alors que cela faisait des années que les néolibéraux tentaient sans succès d'obtenir un changement des politiques publiques pour pouvoir privatiser les écoles en Louisiane, ils ont profité sans aucun scrupule du chaos social sans précédent engendré par l'ouragan pour imposer cette privatisation dans le programme de reconstruction du système éducatif. Vive la crise et ses opportunités. Et peu importe que l'ouragan ait fait près de 2 000 morts au passage et mis en lumière des inégalités sociales et raciales totalement intolérables. Quel cynisme !

Bien sûr, les lobbies des pesticides sont également maîtres en la matière. Si, dans les exemples ci-dessus, la stratégie du choc a été utilisée pour faire passer en force de nouvelles mesures – d'austérité ou de privatisation de services publics par exemple –, les enjeux pour les lobbies sont aussi très souvent de profiter de moments de crise pour agiter le chiffon rouge et faire stopper des politiques publiques vues comme des freins à leurs bénéfices. Et les géants de l'agrochimie ne ratent pas une occasion pour sortir ce chiffon de leur poche.

En effet, comme nous l'avons vu dans la première partie, les effets néfastes des pesticides chimiques sur la biodiversité, les ressources en eau, notre environnement, ainsi que sur la santé humaine sont de plus en plus documentés. Au point que les lois et politiques publiques qui tendent à en réduire les usages et à interdire certaines de ces substances toxiques ont fini par fleurir ces dernières années et font débat – plan Écophyto en France, Pacte vert en Europe, etc. Autant de raisons pour l'agrochimie de sortir les réactions pare-feu et de mettre les bouchées doubles pour protéger leur funeste business. L'objectif : faire reculer ces projets de réglementations. Et autant profiter des crises pour cela.

Ainsi, quand la crise du Covid-19 a éclaté, l'occasion était trop belle et les lobbyistes n'ont pas mis longtemps à dégainer. C'est ce que révèlent deux courriers de mars et avril 2020 envoyés aux décideurs politiques européens qui ont fuité : l'un par Bayer-Monsanto et l'autre par le Copa-Cogeca (le principal lobby agricole européen)[1]. En substance, leurs missives disent : *C'est déjà assez compliqué comme ça de continuer à nourrir la population avec la crise, vous n'allez pas en plus nous mettre des bâtons dans les*

1. Foodwatch, « Pesticides : les courriers accablants de Bayer & co. », 6 mai 2020.

roues avec des mesures pour mieux protéger la santé des personnes et l'environnement ?

Concrètement, les lobbies demandent purement et simplement de geler toute idée de réglementation plus stricte et s'attaquent directement au projet de plan « De la ferme à la fourchette », feuille de route de la politique européenne en matière d'alimentation et d'agriculture, qui prévoyait une réduction de 50 % du recours aux pesticides à l'horizon 2030. Dans leurs courriers, ils font feu de tout bois pour jouer la montre, comme souvent. Cette fois, leur prétexte est que plus d'études seraient nécessaires « avant de prendre toute décision politique ou réglementaire », particulièrement « lorsqu'il s'agit de fixer des objectifs tels que ceux visant à réduire l'utilisation de pesticides, d'engrais ou d'antibiotiques[1] ».

Le message des lobbies est clair en plein chaos lié à la crise sanitaire du Covid-19 : ce n'est pas le moment d'entraver leur juteux business... Qu'importe l'impact sanitaire, social et environnemental des pesticides et autres substances dangereuses que l'on retrouve dans nos assiettes !

Et ils recommencent à chaque crise : après le déclenchement de la guerre en Ukraine et pendant la gronde du monde agricole en 2024 notamment, comme nous l'avons vu en première partie, brandissant les règles de protection de l'environnement en bouc émissaire.

La fabrique du doute

L'industrie du tabac, l'industrie du sucre, celle des pesticides, toutes ont utilisé cette tactique et continuent

1. *Ibid.*

d'y avoir recours systématiquement. En effet, comment mieux dissuader ou retarder une décision d'interdire des substances dangereuses qu'en racontant haut et fort qu'en fait il n'y a pas de danger, que les études mises en avant sont contestées ? Embrouiller en manipulant la science, financer de faux experts et de grosses conférences pseudoscientifiques, publier des études biaisées, bref instiller le doute dans la tête des consommateurs et consommatrices et, surtout, de celles et ceux qui votent les lois[1]. Le but est simple et les exemples nombreux.

La saga du glyphosate

La saga du glyphosate, herbicide le plus vendu au monde, utilisé dans le tristement célèbre Roundup de Monsanto, est un vrai cas d'école.

L'histoire aurait dû être assez simple. En mars 2015, le Centre international de recherche sur le cancer (Circ) de l'Organisation mondiale de la santé (OMS) a classé le glyphosate « probablement cancérogène chez l'homme » (catégorie 2A) et « cancérigène chez les animaux », suite à une méta-analyse réalisée par dix-sept expert·es internationaux qui ont épluché plus de 1 000 études scientifiques. Ce résultat a de plus été renforcé depuis par une autre méta-analyse publiée par l'Institut national de la santé et de la recherche médicale (Inserm) en juin 2021[2].

Normalement, ces études qui mettent en lumière des risques sérieux et crédibles pour la santé sont plus que suffisantes pour exiger l'application sans réserve du principe de précaution – et donc en l'occurrence interdire le glyphosate. La pression citoyenne,

1. Stéphane Foucart, *La Fabrique du mensonge. Comment les industriels manipulent la science et nous mettent en danger*, Paris, Gallimard, 2014.
2. Inserm, « Pesticides et santé, nouvelles données », 19 novembre 2021.

la mobilisation de nombreuses organisations dont des associations d'anciens agriculteurs malades, des député·es français·es et européen·nes, tout convergeait dans le sens de cette interdiction.

Mais c'était sans compter la puissance de feu des fabricants de doute de Monsanto-Bayer… Comment ont-ils procédé ?

Monsanto, racheté par Bayer en 2018, a déployé toute la panoplie des tactiques de lobbying : création de la « Society of Toxicology » pour servir de façade, scientifiques payés pour minimiser les risques, etc. *Le Monde* a révélé les scandales des « Monsanto papers » et la guerre du géant des pesticides contre la science en 2017[1]. La firme a en effet été obligée de rendre publics des dizaines de milliers de documents internes suite à plusieurs procédures judiciaires aux États-Unis. Ces « papers » ont mis en lumière des pratiques totalement inacceptables, comme l'« écriture fantôme » (*ghostwriting* en anglais) consistant à faire endosser à des scientifiques soi-disant indépendants des articles et études rassurants sur les dangers du glyphosate – en réalité payés par Monsanto pour donner de la crédibilité à ces textes, en fait écrits par la firme elle-même. Autant de cas graves de fraude scientifique et de conflits d'intérêts cachés sous le tapis. Et la guerre que mène Monsanto pour la désinformation se poursuit avec son programme « Let nothing go », littéralement « ne rien laisser passer », pour mener une lutte d'influence de l'opinion publique sur les médias et le Web en « plaçant activement » des contenus favorables[2]. Autrement dit, faire croire que tout va

---

1. Stéphane Horel et Stéphane Foucart, « *Monsanto papers* : la guerre du géant des pesticides contre la science », *Le Monde,* 1er juin 2017, puis « *Monsanto papers*, désinformation organisée autour du glyphosate », *Le Monde,* 4 octobre 2017.

2. « C'est quoi le problème avec le glyphosate ? », article accessible sur foodwatch.fr ; voir aussi Stéphane Horel et Stéphane Foucart, « Glyphosate : comment Monsanto mène sa guerre médiatique », *Le Monde,* 31 janvier 2019.

bien avec le glyphosate et qu'il ne faut pas écouter les lanceurs d'alerte.

Le film *Goliath*, de Frédéric Tellier, avec Gilles Lellouche, Pierre Niney et Emmanuelle Bercot, sorti au cinéma en 2022, raconte ces jeux de pouvoir de façon extrêmement réaliste. Il reprend même le passage du scandale des fichiers illégaux d'un lobbyiste de Monsanto qui liste les personnalités influentes sur le dossier du glyphosate, avec une note en fonction de leur crédibilité et de leur opposition à la firme. Fait d'armes dont je suis plutôt fière : j'y figure personnellement, ainsi qu'Ingrid Kragl, directrice de l'information dans l'équipe de Foodwatch, avec d'excellentes notes ! Nous avons quand même porté plainte, histoire de montrer, s'il en est encore besoin, que nous ne nous laisserons pas intimider.

Ces basses manœuvres sont d'autant plus révoltantes que des informations ont révélé que Monsanto, en réalité, s'inquiétait déjà de la sûreté du glyphosate dès 1983 mais aurait étouffé l'information. Il y a plus de quarante ans… Et pendant ce temps, les dommages collatéraux de son produit chimique sur la santé des agriculteurs et agricultrices, sur la santé publique en général et sur nos écosystèmes s'accumulent.

Malheureusement, la stratégie de la fabrique du mensonge et du doute a payé pour Bayer-Monsanto jusque-là. Fin 2016, alors que l'autorisation d'usage du glyphosate dans l'Union européenne arrivait à terme, les États membres et la Commission n'ont pas su se mettre d'accord sur la question de son renouvellement. Ils ont préféré reporter la décision d'un an – prolongeant *de facto* son autorisation. Fin 2017, la Commission européenne propose alors de repousser encore de dix ans l'interdiction. Pourquoi ? Toujours les mêmes doutes mis en avant, sur les études scientifiques, mais aussi avec un second écran de fumée : prétendre que les agriculteurs et agricultrices n'ont pas d'alternatives à l'utilisation du glyphosate. Car, soit dit en passant, maintenir l'autorisation de cet herbicide arrangeait aussi pas mal de dirigeants européens et de lobbies agricoles compte tenu de la trop grande dépendance de l'agriculture intensive à ce poison. Pourtant, de nombreux producteurs et nombreuses productrices se passent déjà du glyphosate, notamment en agriculture biologique, où ces substances sont proscrites. Les techniques ne manquent pas (faux semis, désherbage mécanique, paillage, enherbement...). Le rapport de l'Institut agronomique français (INRAe) de 2017, missionné pour évaluer les alternatives au glyphosate, est clair[1] : s'il existe encore des situations complexes, une grande partie des usages peut être dès aujourd'hui interdite.

Résultat : cinq ans d'autorisation de plus sont finalement votés par les États européens fin 2017. C'est ce moment qu'a choisi Emmanuel Macron pour s'engager dans un tweet à sortir totalement du glyphosate en France en trois ans. Vous connaissez la suite... Non seulement nous n'en sommes toujours pas sortis dans notre pays, mais la firme et ses partisans ont réussi le tour de force d'obtenir fin 2023 un nouveau renouvellement de cette substance toxique pour encore dix ans dans l'UE. Les promesses n'engagent définitivement que ceux qui y croient...

Comment les décideurs européens justifient-ils cette décision ? Là encore, à cause de controverses scientifiques orchestrées par les lobbies. Deux nouvelles études sont venues prendre le contre-pied de l'avis du Circ de 2015 en minimisant les risques liés

1. INRAe, « Usages et alternatives au glyphosate dans l'agriculture française », 1er décembre 2017, https://www.inrae.fr/actualites/usages-alternatives-au-glyphosate-lagriculture-francaise.

au glyphosate : une de l'Agence européenne des produits chimiques (Echa) en 2022 et une de l'Autorité européenne de sécurité des aliments (Efsa) en 2023. Sur le sujet, les divergences profondes de conclusions entre, d'une part, les agences réglementaires et, d'autre part, des institutions scientifiques comme le Circ ou l'Inserm, s'expliquent notamment par l'origine des données sur lesquelles elles basent leurs recommandations. Alors que le Circ et l'Inserm se fondent sur la littérature scientifique publiée dans les revues scientifiques reconnues, Monsanto réussit le tour de force d'influencer les recommandations des agences européennes en leur fournissant directement ses propres études, bien sûr confidentielles. Autrement dit, des études privées, partiales et opaques. Quoi de mieux pour créer confusion et contre-feu ? Une évaluation scientifique autrichienne par deux toxicologues de renommée a d'ailleurs fait beaucoup de bruit sur ce problème en juillet 2021[1]. Elle a démontré que 68 % des études à la base du renouvellement de l'autorisation officielle du glyphosate en 2017 n'étaient pas scientifiquement fiables... Une paille !

Or, tant que la controverse créée de toutes pièces couvre les risques de substances toxiques telles que le glyphosate d'un épais brouillard, les décideurs politiques ont beau jeu de ne rien décider et de laisser le *statu quo* perdurer.

La saga du Nutri-score

Le feuilleton du logo nutritionnel Nutri-score est emblématique des moyens déployés par les lobbies de l'industrie agroalimentaire pour tenter de discréditer

1. Stéphane Foucart, « Réautorisation du glyphosate en Europe : la qualité des études réglementaires en cause », *Le Monde*, 2 juillet 2021.

une initiative d'intérêt général, de la contourner[1]. Nouvel exemple de la stratégie du doute en cinq épisodes.

Épisode 1. Pendant des années, les grandes marques alimentaires se sont systématiquement opposées à l'idée d'un logo nutritionnel à code couleurs. En 2010, elles se sont grandement mobilisées pour convaincre les député·es européen·nes de s'opposer à l'adoption du logo « feu tricolore », alors dans la proposition de règlement sur l'information des consommateurs et consommatrices débattue au Parlement. Elles ont gagné cette bataille avec une énorme campagne de communication pour discréditer ce logo et mettre en avant leur propre approche, beaucoup moins contraignante et plus avantageuse pour leurs produits[2]. L'ONG bruxelloise Corporate Europe Observatory (CEO) a révélé que, selon leurs estimations, le lobby de l'industrie alimentaire aurait dépensé 1 milliard d'euros pour peser sur les votes, à grand renfort de publicités télévisées, de déjeuners-débats, d'études partisanes et de tonnes de « recommandations de vote » détaillées envoyées aux député·es[3].

Épisode 2. Quand la France décide en 2016 d'adopter le logo nutritionnel Nutri-score, développé par des scientifiques indépendants, pour permettre aux consommateurs et aux consommatrices de comparer, grâce à ses cinq couleurs et cinq lettres de A à E, la qualité nutritionnelle des produits dans une même catégorie, les géants de l'industrie agroalimentaire retournent leur veste. Il est clair qu'ils se rendent

1. Serge Hercberg, professeur émérite de nutrition qui a œuvré au développement du Nutri-score, raconte avec force les pressions du lobby dans son livre : *Mange et tais-toi. Un nutritionniste face au lobby agroalimentaire*, Paris, Humensis, 2022.
2. L'approche « GDA » pour Guidelines Daily Amount.
3. Rapport « A spoonful of sugar How the food lobby fights sugar regulation in the EU », Corporate European Observatory, 2016.

alors compte qu'ils ne peuvent plus échapper à un système d'information nutritionnel plus informatif, mais ils ne veulent pas pour autant perdre le contrôle. Ils prétendent soudain qu'ils trouvent finalement l'idée d'un logo nutritionnel intéressante, mais pas le Nutri-score. Ils s'emploient alors à discréditer ce logo et créer de la confusion en cherchant à imposer le leur. Ainsi, les *Big Six*, six des plus grosses marques alimentaires – Nestlé, Mondelez, Unilever, Mars, Coca-Cola et Pepsi – communiquent sur leur propre proposition de logo en mars 2017. Leur « initiative pour un étiquetage nutritionnel évolué » (« Evolved Nutrition Label Initiative ») détourne ni plus ni moins le système de notes colorées en mettant en avant une approche *par portions* qui leur permet, par un tour de passe-passe, que leurs produits affichent nettement moins de notes rouges qu'avec le Nutri-score (qui lui se base toujours sur des quantités comparables d'un produit à l'autre de 100 mg ou 100 ml). Le tout en cherchant à démontrer, évidemment, que le Nutri-score n'est pas un logo fiable. Il faudra des mois de mobilisation et de déminage pour dénoncer cette tentative de piratage et forcer ces géants à abandonner ce projet. Bataille que nous avons gagnée[1] !

Épisode 3. Mais beaucoup continuent de remettre ouvertement en question la crédibilité du Nutri-score. Car cela reste pour le moment une démarche *volontaire* de la part des entreprises et les lobbies veulent éviter que cela devienne une obligation. En effet, la règlementation européenne ayant écarté en 2010 le principe d'un logo nutritionnel obligatoire, la France ne pouvait officialiser le Nutri-score que de façon optionnelle, c'est-à-dire que les industriels peuvent

1. Foodwatch, « Victoire ! Nestlé, Coca-Cola, Unilever, etc. font marche arrière sur le logo nutritionnel », 20 novembre 2018.

décider de l'apposer sur leurs produits ou non. Des dizaines d'entreprises jouent le jeu et, parmi les géants, même Nestlé a fini par adopter le Nutri-score en 2019, sous la pression de Foodwatch et d'autres alliés qui les ont interpellés publiquement. Mais cela n'est toujours pas le cas de mastodontes comme Mondelez, Unilever ou Ferrero (eh oui, inutile de vous dire que le Nutella ne serait pas un champion du Nutri-score...).

Épisode 4. Ferrero (Kinder) est d'ailleurs fer de lance derrière le gouvernement italien qui mène bataille contre la possibilité que le Nutri-score soit enfin rendu obligatoire à travers toute l'Europe. Un compte rendu de réunion témoigne de la désinformation mise en place par les interlocuteurs italiens, affirmant qu'il n'y a « aucune preuve scientifique à l'appui du Nutri-Score » et qu'il « n'est pas utile pour les consommateurs »[1], alors même que de nombreuses études scientifiques prouvent le contraire.

Épisode 5. Un pas en avant, trois pas en arrière... Début septembre 2024, Danone, une des premières marques qui s'étaient engagées à adopter le Nutri-score, a annoncé qu'elle renonçait à faire figurer le logo sur certains de ses produits. En cause, ses yaourts à boire sucrés et ses laits végétaux, comme Actimel, Danonino ou Activia, qui seraient moins bien notés depuis les modifications apportées récemment à l'algorithme du Nutri-score. Or, c'est une des forces du Nutri-score qui a été développé par des scientifiques indépendants : un comité de suivi européen a pour mission de le mettre à jour régulièrement pour améliorer son efficacité et son adéquation avec les recommandations publiques en matière de santé. Cette volte-face d'un groupe comme Danone alimente

1. Foodwatch, « Nutri-score papers : révélations de Foodwatch sur les agissements des lobbies à la Commission européenne », 3 septembre 2024.

malheureusement la confusion sur la fiabilité du Nutri-score.

Résultat de ces années de controverses : la Commission européenne n'a cessé de reporter depuis des mois la décision pourtant promise de rendre un logo nutritionnel fiable obligatoire dans tous les pays européens. Décidément, créer du doute et des levées de boucliers fait gagner du temps aux lobbies... Mais, comme le conclut si bien Serge Hercberg, professeur émérite en nutrition, qui a mené les travaux conduisant au Nutri-score et continue à œuvrer pour son efficacité et à se battre pour son adoption, dans son livre *Mange et tais-toi. Un nutritionniste face au lobby agroalimentaire* :

> *L'agrobusiness peut encore retarder de quelques années ces mesures, elles sont inévitables. C'est le sens de l'histoire...*[1]

En attendant, Stéphane Horel revient largement sur la stratégie de la manufacture du doute dans son enquête sur les lobbies *Lobbytomie*[2] et alerte :

> *Devenue rouage essentiel de l'économie de marché et du monde moderne, la manipulation de la science a progressivement redessiné jusqu'aux contours de la démocratie.*

Le chantage économique

C'est un classique des entreprises : agiter la menace du désinvestissement et des soi-disant suppressions d'emplois pour dissuader les décideurs politiques d'adopter de nouvelles lois ou les convaincre de laisser

1. Serge Hercberg, *op. cit.*
2. Stéphane Horel, *op. cit.*

faire des projets destructeurs et/ou dangereux pour la santé.

Permis de détruire en Afrique

J'en ai été témoin tant de fois en Afrique. Au Cameroun par exemple, quand j'ai entendu la Banque mondiale elle-même m'expliquer que les entreprises d'exploitation du bois et les projets de monoculture d'huile de palme étaient importants parce qu'ils créaient des emplois. Ils répétaient les argumentaires de ces entreprises et de leurs investisseurs, alors que nous nous battions avec Greenpeace et la société civile locale pour stopper ces projets qui en réalité menaçaient directement de raser des surfaces colossales de forêt primaire – 70 000 hectares dans le cas d'Herakles Farms qui était dans notre viseur –, accaparaient les terres des habitant·es et condamnaient les ouvriers et ouvrières de ces exploitations à des conditions de travail et de vie le plus souvent intolérables. En République démocratique du Congo (RDC) aussi, où ces pseudo-arguments économiques cachent mal les effets très nocifs sur les populations – là encore souvent chassées de leurs terres – des chantiers prédateurs d'extraction minière et d'exploitation du bois en matière de déforestation, de contamination des sols... Et je ne parle même pas des méthodes totalement révoltantes de certaines de ces entreprises étrangères qui, d'après les témoignages recueillis, auraient fait appel à des milices locales pour intimider et violenter les villageois·es qui résistaient à cet accaparement et tentaient de se mobiliser[1]. Tout ça pour un argument

1. Rapports de Greenpeace Afrique : « La dernière frontière de l'huile de palme, Comment l'expansion des plantations industrielles menace les forêts tropicales en Afrique », 2012, et « RDC : conflits entre compagnies d'exploitation du bois et communautés forestières », 20 mai 2011, disponibles sur greenpeace.fr.

économique, vraiment ? Dans les poches de qui ? Et, dans le cas de l'huile de palme, tout ça pour alimenter les produits ultra-transformés dont les multinationales de l'industrie agroalimentaire inondent nos supermarchés...

Et ce chantage économique est loin d'être l'apanage des pays lointains. Revenons en France avec deux exemples récents.

Plus près de nous, le scandale des Pfas

Lorsqu'une proposition de loi a été débattue à l'Assemblée nationale début avril 2024 pour interdire les « polluants éternels » (Pfas) dans plusieurs secteurs dont les ustensiles de cuisine, la marque Seb, qui fabrique notamment des poêles, est montée au créneau pour la bloquer. Les Pfas, ces alkyls perfluorés et polyfluorés, sont un groupe incluant plus de 4 700 produits chimiques qui s'accumulent au fil du temps chez l'être humain et dans l'environnement. Ils sont extrêmement persistants et peuvent entraîner des problèmes de santé tels que des lésions hépatiques, des maladies thyroïdiennes, de l'obésité, des problèmes de fertilité et des cancers. Les risques sont clairs.

Mais Seb préfère les minimiser. En effet, si l'entreprise n'utilise plus de PFOA (un des contaminants éternels les plus controversés) pour fabriquer son fameux Téflon – ce qui montre quand même qu'elle a compris qu'il y avait un problème –, elle continue d'utiliser une autre substance préoccupante en remplacement, l'Adona. Comment le justifie-t-elle et comment a-t-elle convaincu les parlementaires ?

Par un combo de fabrique du doute et de chantage à l'emploi. Côté fabrique du doute, le bon vieil argument : les scientifiques ne seraient pas tous d'accord, donc une interdiction totale serait prématurée. Pour gagner du temps, couper les cheveux en quatre est une tactique courante. En l'espèce : il faudrait soi-disant distinguer les Pfas polymériques et les non polymériques, blablabla. En réalité, tous les Pfas constituent une même classe chimique unique et devraient être supprimés[1].

Côté chantage à l'emploi, 3 000 postes seraient menacés par la proposition de loi d'après l'entreprise. Pour bien agiter l'épouvantail économique, Seb n'a d'ailleurs pas hésité à utiliser un bouclier humain au sens propre : elle a envoyé, tous frais et congés payés, plusieurs dizaines de ses salarié·es manifester à coups de pancartes « Touche pas à ma poêle » devant l'Assemblée nationale[2].

Tant et si bien que les parlementaires, à l'Assemblée nationale puis au Sénat fin mai 2024, ont finalement voté l'interdiction dès 2026 de fabrication, d'importation, d'exportation et de vente de *certains* produits contenant des Pfas : les cosmétiques, le fart (pour les sports de glisse) et les textiles. Le texte prévoit même un principe de « pollueur-payeur » avec une contribution pour les émetteurs de Pfas. Mais pas pour les ustensiles de cuisine : la pression de Seb a permis de gagner du temps. Il va falloir attendre encore un peu pour étendre l'interdiction et surtout pour enfin protéger la santé et arrêter la contamination de tout notre environnement.

1. Voir la tribune « Les Pfas doivent être gérés comme une classe chimique unique au nom de leur persistance et de leurs risques sur la santé », *Le Monde*, 3 avril 2024.

2. « "Touche pas à ma poêle" : manifestation des salariés du groupe Seb à Paris contre l'interdiction des "polluants éternels" », *Le Parisien* avec AFP, 3 avril 2024.

Ou encore la pression de Phyteis

Autre exemple avec Phyteis, le lobby des pesticides (ah non pardon : de « la protection des plantes », comme ils aiment se faire appeler), qui n'a pas hésité à utiliser un chantage à l'emploi dans l'objectif de dissuader les parlementaires d'adopter dans la loi Agriculture et alimentation (EGalim) débattue en 2018 une mesure qui ne les arrangeait pas : l'interdiction de production et d'exportation de pesticides bannis d'utilisation dans l'UE. Branle-bas de combat chez Phyteis qui s'est mis à agiter le chiffon rouge et à alerter les élu·es à l'Assemblée nationale et au Sénat sur les soi-disant « 2 700 emplois directs et 1 000 emplois indirects » mis en péril par cette interdiction. Cela a fonctionné en partie : ces mêmes chiffres ont été repris tels quels en séance de débat et dans des amendements qui visaient à annuler la mesure prévue, déposés par plusieurs député·es et sénateurs et sénatrices, et même relayés par l'exécutif. La mesure a néanmoins bien été adoptée.

Cette piètre tentative de blocage d'une mesure pour protéger la santé et l'environnement était déjà un scandale en soi, mais des journalistes ont soulevé un autre lièvre des années après, début 2023, révélant que Phyteis aurait calculé le nombre d'emplois menacés par une méthodologie aussi fantaisiste qu'opaque[1]. Quatre organisations de la société civile – Transparency International France, Foodwatch, l'Institut Veblen et Les Amis de la Terre France – ont alors décidé de ne pas laisser passer et de donner l'alerte auprès de la Haute Autorité pour la transparence de la vie publique (HATVP) et des autorités

---

1. Transparency International, Foodwatch, l'Institut Veblen et Les Amis de la Terre, « Le lobby des pesticides Phyteis mis en demeure par le Sénat suite au signalement de 4 ONG », 3 mai 2023.

déontologiques parlementaires. Avec une double bonne nouvelle cette fois : suite à ce signalement, le président du Sénat a mis en demeure publiquement Phyteis de respecter les obligations déontologiques auxquelles les lobbyistes sont assujettis, car il était clair que ces chiffres n'étaient pas sérieux. C'était la première fois que cette procédure était mise en œuvre au Parlement depuis sa création par la loi « Sapin II » du 9 décembre 2016. Se réjouir, c'est beaucoup, mais ne boudons pas notre plaisir !

S'attaquer à la loi

Non contents de tout faire pour bloquer l'adoption de lois en amont, certains se permettent même d'attaquer les décisions législatives une fois qu'elles sont enfin adoptées. C'est, une fois de plus, le cas de Phyteis. Contrarié de n'avoir pas réussi à empêcher l'article 83 de la loi EGalim qui interdit « production, stockage et circulation de produits phytopharmaceutiques contenant des substances actives non approuvées pour des raisons liées à la protection de la santé humaine ou animale ou de l'environnement », le lobby des pesticides s'est attaqué directement à la loi. Pour ce faire, l'Union des industries de la protection des cultures (UIPP, l'ancien nom de Phyteis) et l'Union française des semenciers ont officiellement remis en question la légalité de cette mesure avec une question prioritaire de constitutionnalité (QPC) : il s'agit d'une procédure permettant de contester une loi en vigueur si une partie estime que celle-ci est contraire aux droits et libertés garantis par la Constitution. C'est alors le Conseil constitutionnel qui va examiner la loi contestée et décider si elle doit ou non être abandonnée. Dans le cas de l'article 83 d'EGalim, le prétexte du lobby des pesticides pour attaquer la loi était que la restriction sur la production et l'exportation de pesticides était contraire à la liberté d'entreprendre. Aucun scrupule... Heureusement, le Conseil constitutionnel a finalement coupé court à la tentative de Phyteis en décidant le 31 janvier 2020 que cette interdiction était tout à fait constitutionnelle[1]. La réaction de l'UIPP est une fois de plus choquante : ses membres s'échinaient encore à « étudier les voies juridiques possibles[2] ». Donc, après avoir essayé d'influencer les votes contre la loi, puis tenter de la faire annuler auprès du Conseil constitutionnel, ils étaient encore prêts à tout pour la bloquer ? Aucune limite, décidément.

Crier au loup

Quand Foodwatch a dénoncé dans les médias fin novembre 2023 que l'industrie agroalimentaire profitait bel et bien de l'inflation en gonflant ses marges, tout comme la grande distribution, la contre-attaque a été aussi rapide que prévisible : le chantage économique s'est imposé. Alerte, les multinationales pourraient ne plus vouloir investir en France... En cause ? Les mêmes arguments encore et toujours : des facteurs « négatifs » tels que « le climat social et politique » et les risques d'alourdir « la réglementation »[3]. Entendez : toute critique ou règle est nocive pour le business. Quant à l'Ania, le lobby en chef de l'industrie alimentaire en France, son président a réagi à la

1. Décision du Conseil constitutionnel n° 2019-823, QPC du 31 janvier 2020.
2. Marie-Josée Cougard, « Revers menaçant pour les pesticides Made in France », *Les Échos*, 3 février 2020.
3. Selon une dépêche AFP du 8 décembre 2023. Elle fait référence à un baromètre sur l'attractivité française commandée par l'Ilec, Institut de liaison des entreprises de consommation qui représente des géants comme Danone, Coca-Cola, Ferrero, etc.

campagne de Foodwatch en cherchant à se faire passer pour la victime : « On a toujours dans ce pays un problème avec les marges », ou encore : « On devrait se féliciter du fait qu'on renforce le poids, la performance, la santé de cette industrie agroalimentaire[1]. »

Mais personne ne veut la mort de l'industrie agroalimentaire ici ! S'ils ne profitent pas de l'inflation sur le dos des gens, qu'ils le prouvent, et tout le monde sera ravi ! La seule chose que nous combattons, ce sont les profits qui se font au détriment de droits fondamentaux comme le droit à une alimentation saine et durable pour toutes et tous. Si les profits de l'industrie agroalimentaire sont synonymes de précarité alimentaire et de problèmes de santé liés à de la malbouffe pour des millions de gens en France, il est tout à fait normal de s'en saisir et d'alerter. Tout ce qu'on demande sur le sujet des prix, c'est la base : la transparence sur les marges des produits alimentaires et une modération des prix sur les produits les plus sains et durables.

Publiquement, ils ne peuvent pas dire non à ces demandes tellement elles sont évidentes. Mais dans les faits, ils les combattent avec vigueur. Autrement dit, pour ces lobbies et les entreprises qui sont derrière, la « liberté d'entreprendre » et le « secret des affaires » prévalent sur la protection de la santé des gens et de nos écosystèmes, du vivant. La « compétitivité », le sacro-saint *business as usual* et leurs profits justifient tous les sacrifices. C'est totalement scandaleux.

Et le drame, c'est que ces mêmes arguments tournent en boucle dans les ministères. Parce que nombre de responsables politiques sont sous l'emprise des pressions incessantes des lobbyistes et se sentent pieds et poings liés par leur poids économique et les

1. *Ibid.*

chantages qu'ils imposent. Mais pas seulement. C'est aussi parce que la plupart de ceux et celles qui nous dirigent depuis un demi-siècle sont également sous l'emprise de l'idéologie néolibérale, c'est-à-dire la croyance selon laquelle le rôle de l'État est d'intervenir le moins possible sur le marché, que son principal objectif est de veiller à ce que les règles soient favorables aux acteurs économiques et aux investisseurs.

Il va pourtant sans dire que les combats que la plupart des ONG et défenseur·es des droits mènent n'entendent pas ignorer l'impact économique des mesures nécessaires à la transition vers des modèles plus justes et plus durables et que la question des emplois doit être prise très au sérieux. Mais cette attention ne doit pas se muer en prétexte pour ne rien changer et faire perdurer ce système avec tous ses dysfonctionnements, ses inégalités et ses injustices.

Quand le dogme néolibéral et l'arrogance tuent

J'entends très régulièrement des gens, souvent à des postes de pouvoir, tenter de discréditer des actions d'organisations de la société civile en expliquant à quel point les ONG sont trop « radicales », « dogmatiques », « idéologiques », « caricaturales ». Une façon de tenter de les balayer du revers de la main en prétendant qu'on ne sait pas de quoi on parle.

Voici comment ont pu être interprétées certaines de nos propositions, pour pouvoir mieux justifier de ne pas les appliquer, considérées comme hors-sol (le sol étant le dogme néolibéral décrit plus haut, bien sûr) : un encadrement des marges sur les produits de première nécessité pour freiner les abus ? Vous êtes immédiatement taxés d'être interventionnistes et de mettre la compétitivité des entreprises en danger en risquant de faire fuir les investisseurs. Interdire des pesticides dangereux pour la santé ? Mais enfin, vous allez empêcher de pouvoir « nourrir le monde » et vous accusez injustement les agriculteurs et agricultrices de vouloir *empoisonner* les gens. Lutter contre les algues vertes qui contaminent les plages bretonnes et vouloir stopper les projets de méga-bassines qui accaparent l'eau, bien public, au profit de quelques-uns ? Vous n'avez aucun sens des réalités et êtes des « fanatiques verts », ou même – n'ayons peur d'aucune exagération – des « écoterroristes ».

Symptômes de l'aveuglement néolibéral dont sont frappées nos élites, ces procès d'intention contre les mobilisations citoyennes ne sont ni plus ni moins qu'un énième écran de fumée pour masquer les vrais responsables de la situation qui isole et vulnérabilise le plus grand nombre.

Réduire le rôle de l'État à l'organisation du laisser-faire

Ces accusations régulières en « dogmatisme » ou « irréalisme » contre les associations sont pour le moins ironiques, parce qu'elles ciblent tout détracteur d'une vision politique qui, justement, est monolithique et idéologique à l'extrême. Après plusieurs années d'échanges et de débats dans les ministères, dans les couloirs de l'Assemblée nationale et du Sénat, dans des conférences, je suis arrivée à la conclusion que la plupart des tenant·es actuel·les du pouvoir sont eux-mêmes et elles-mêmes enfermé·es dans une idéologie : celle de l'économie ultralibérale. Pour eux, permettre coûte que coûte le laisser-faire aux entreprises est le sens ultime de leur engagement, car ils et elles sont convaincu·es et cherchent à nous convaincre que les bénéfices économiques engendrés seront bénéfiques à la société tout entière. Cette idéologie culmine dans la fameuse théorie du « ruissellement », qui justifie de façon si commode de soutenir les « premiers de cordée » – et de laisser tomber tous les autres.

Quand on creuse, cela va même encore plus loin, comme l'explique Anne-Laure Delatte, chercheuse en économie au CNRS[1] :

> *Le nouveau libéralisme accepte de remettre l'État à l'intérieur du jeu social, mais à la condition que ce soit au service du marché.*

Son étude – *L'État droit dans le mur : rebâtir l'action publique* – est passionnante. Je réinviterai son éclairage à plusieurs reprises dans les prochaines pages. Elle permet de comprendre beaucoup de choses sur les rouages d'une politique économique tellement libérale qu'elle en asservit l'État et détruit la notion d'intérêt général. Tout en prétendant le contraire, cela va sans dire…

Anne-Laure Delatte raconte notamment comment les fondateurs du *néolibéralisme*, dont Milton Friedman, se sont rassemblés après-guerre dans un groupe appelé la *Société du Mont-Pèlerin* pour transformer l'*ultralibéralisme*, idéologie qui voulait tout simplement se passer au maximum de l'intervention des États :

> *[Ils] s'opposent au laisser-faire, qui valorise la non-intervention de l'État dans l'économie. […] Ils pensent au contraire que ce régime, à l'œuvre au* XIX*e siècle et jusqu'à l'orée de la Seconde Guerre mondiale, a fini par entraîner de graves inégalités, de la brutalité et des violences. Ils établissent même un lien entre le libéralisme classique et la montée des régimes totalitaires pendant l'entre-deux guerres et finalement l'avènement du nazisme.*

Autrement dit, les théoriciens de l'économie reconnaissaient déjà il y a plus de soixante-dix ans que le

1. Anne-Laure Delatte, *L'État droit dans le mur. Rebâtir l'action publique*, Paris, Fayard, 2023.

« laisser-faire » absolu avait des conséquences sociales désastreuses. Ce sommet aurait pu être une belle occasion de remettre les biens communs et les services publics au centre de l'équation, mais c'est malheureusement tout le contraire qui s'est passé. Pourquoi ? Parce que ces mêmes économistes restaient convaincus que le marché, c'est-à-dire les acteurs économiques privés, était la pièce maîtresse d'une société prospère, comme l'explique Delatte :

> *Une ambition majeure du néolibéralisme est dès lors de redéfinir les fonctions de l'État, pas de les détruire : les acteurs publics ont pour mission de créer et entretenir les conditions de bon fonctionnement du marché. Autrement dit, l'État est bien dans le jeu social, mais pas du tout à la façon de l'État-providence qui, lui, est chargé de garantir le bien-être des citoyens (Welfare State). La différence est donc que, dans la doctrine néolibérale, l'action publique doit se mettre au service des entreprises plus que des citoyens.*

Voilà qui explique pas mal de choses… Quand l'interdiction d'additifs dangereux pour la santé nous paraît une évidence et qu'on reste incrédules et scandalisé·es face au refus du gouvernement, il faut entendre que le credo du gouvernement est de rester avant tout au service de l'économie et des entreprises. Quand l'État recule sur des promesses de politiques publiques qui étaient censées réduire les pesticides et en interdire certains, il faut entendre qu'il est au service des lobbies et des dominants de l'agriculture intensive, car selon l'idéologie dominante c'est son rôle, plus que de protéger la santé et la biodiversité. Cet éclairage me paraît extrêmement prégnant pour comprendre l'attitude des pouvoirs publics dans les problématiques écologiques et sociales actuelles. Malheureusement.

Il y a bien sûr des exceptions à cet aveuglement idéologique – le message que je cherche à faire passer n'est pas *tous les mêmes ;* les ministères et institutions contiennent leur lot de gens bien intentionnés qui cherchent sincèrement à servir l'intérêt général –, mais le guide suprême à la prise de décision reste dans l'écrasante majorité la pensée néolibérale – et cela est un immense problème. Et force est de constater que lorsque je me demande pourquoi nous nous heurtons à ce point à des murs dans nos revendications, je dois me rendre à l'évidence : c'est souvent par idéologie, combinée à un mélange de conformisme et de cynisme. Dans les jeux de pouvoir qui entourent les décisions interministérielles, c'est le plus souvent le ministère de l'Économie, garant de cette idéologie néolibérale, qui domine et emporte les arbitrages, sur le dos du ministère de la Santé. Sur les sujets liés à l'alimentation, ce ministère du dieu argent peut d'ailleurs s'appuyer sur son complice le ministère de l'Agriculture, davantage ministère des acteurs de l'agriculture intensive et de l'industrie agroalimentaire que de l'alimentation. Encore moins du droit à l'alimentation saine et durable pour chacun·e.

Cette idéologie, destructrice et totalement déconnectée de la réalité des individus, de leurs droits et de leurs besoins, règne actuellement en maîtresse incontestée sur les affaires et les politiques du monde, sans souffrir la moindre remise en question.

Des échanges hors-sol

Au début, cela surprend. Ce n'est pas tant que je sois naïve, mais j'avoue avoir été confrontée à un tel niveau de déconnexion avec la réalité dans certains ministères ou sur certains plateaux télé que je ressens le besoin de vous le raconter...

Imaginez : j'arrive avec un dossier solide, des faits, des études scientifiques, des solutions, le tout dans l'intérêt général. Donc quoi de plus légitime avec ces arguments sous le bras que de tout simplement rappeler et exiger que l'État joue son rôle et prenne ses responsabilités en encadrant telle ou telle pratique allant contre le bien commun ? Il est raisonnable de penser que, dans ce contexte, on peut avoir un échange constructif, même si je n'ignore pas qu'il va falloir balayer du revers de la main quelques arguments soufflés par les lobbies, quelques « vous savez que l'industrie alimentaire a un poids économique considérable » entendus dans plusieurs rendez-vous. J'espère même obtenir quelques engagements, au moins sur de prochaines étapes. Je vous rassure, cela arrive. Mais il y a aussi ces cas où il faut vraiment se pincer pour le croire... et aller chercher beaucoup de sang-froid pour tenir tête à ses interlocuteurs et interlocutrices sans renverser la table. L'enfermement idéologique n'est décidément pas là où on croit.

Une dangereuse arrogance

Voici un exemple parmi d'autres qui m'a marquée. Cela se passe en sortant d'un plateau télé de France Télévisions en avril 2021, après un débat avec Aurore Bergé[1] sur la nécessité d'une loi interdisant le marketing et la publicité à destination des enfants pour les produits trop sucrés, trop gras, trop salés. Restant sur

1. La députée Aurore Bergé a été rapporteuse d'un rapport pour une nouvelle régulation de l'audiovisuel qui a servi de base à une proposition de loi sur la réforme audiovisuelle. Lien vers notre débat télévisé en avril 2021 et article de Foodwatch : « Publicité ciblant les enfants : le gouvernement choisit le camp des industriels de la malbouffe » sur le site foodwatch.fr.

ma faim après ce débat car elle persiste à s'opposer à une telle interdiction, je poursuis dans le couloir, en « off » comme on dit – on peut parfois obtenir des engagements inespérés dans ces échanges loin des caméras –, et j'insiste auprès d'elle, sous l'œil attentif du journaliste qui nous accompagne : « Tous les experts réclament cette mesure pour protéger la santé des enfants de ce matraquage publicitaire, d'ailleurs ce besoin d'une réglementation forte est une recommandation prioritaire de l'OMS. » Elle me répond alors sans ciller qu'elle n'est tout simplement « pas d'accord » avec l'OMS ! Quelle arrogance… Comment peut-elle imaginer que la question puisse être de savoir si elle est d'accord ou pas ? Il n'est pas possible d'être contre : ce sont des recommandations scientifiques de l'Organisation mondiale de la santé. Or elle n'est pas scientifique.

Elle, comme tout·e responsable politique, est juste tenue dans son rôle de prendre une décision politique qui tient compte des études et des recommandations des experts et institutions. Ce que je le lui fais remarquer un peu sèchement, Elle n'a pas eu l'air de comprendre. Et c'est ce qui m'inquiète le plus.

Un mépris de classe prégnant

En pleine inflation alimentaire fin 2023, Foodwatch révélait les pratiques abusives de certains industriels profiteurs de la crise et obtenait une série de rendez-vous au ministère de l'Économie et au plus haut sommet de l'État, avec des conseillers de la Première ministre et de l'Élysée. Le sujet principal était le manque d'accès pour des millions de personnes en France à des produits alimentaires sains et durables et la responsabilité des industriels et de la grande distribution dans cette situation. Pendant le rendez-vous sous les ors de la République – la dissonance à parler précarité alimentaire dans ce quartier et ce décor est grande… –, nous mettons notamment l'accent sur la tendance de ces acteurs à rendre plus accessibles les produits de la malbouffe, souvent beaucoup moins chers que les produits plus sains. Nous concluons par l'impact sur la santé publique, la prévalence du surpoids, de l'obésité et des maladies associées et le coût social et économique colossal de ce système malade. Donc nous demandons à l'État d'agir, en particulier sur la transparence et la modération des marges alimentaires. CQFD.

Ce jour-là, nos interlocuteurs reconnaissent qu'il y a un sujet préoccupant sur le pouvoir d'achat avec l'inflation, mais font immédiatement reposer la charge de la responsabilité sur les consommateurs et consommatrices (vous l'entendez, la petite musique ?). Et c'est parti pour la valse des préjugés : « Les consommateurs sont responsables des choix qu'ils font dans les supermarchés », « Il faut plus d'accompagnement et de programmes d'éducation par les associations », « leur apprendre à cuisiner » et, tenez-vous bien, perle du mépris de classe : « Quand on devient obèse, c'est qu'on le veut bien ! »

J'ai failli m'étouffer. Littéralement. Je me suis alors penchée sur la table qui me séparait d'eux et j'ai expliqué que ces réactions étaient doublement intolérables. Ces préjugés sont non seulement discriminants, mais ils montrent aussi une méconnaissance choquante de la réalité des problèmes d'accès pour toute une partie de la population à une alimentation plus saine : la question du prix bien sûr – et du rapport coûts/calories trop souvent favorable à la malbouffe –, mais aussi celle de la disponibilité locale des produits, du temps peu disponible souvent quand on doit cumuler plusieurs petits jobs pour survivre, du nombre de personnes qui ne peuvent plus faire chauffer leur alimentation parce que l'énergie coûte trop cher… Toutes ces raisons qui font que si les gens aussi ont une part de responsabilité dans leur choix de consommation, l'immense majorité n'a pas vraiment le choix dans le système actuel ! Et que c'est la responsabilité de l'État d'agir pour faire advenir le droit fondamental à une alimentation digne et équilibrée pour toutes et tous !

Cette stratégie de diversion classiste pour éviter d'avoir à reconnaître la responsabilité de l'industrie agroalimentaire et de la grande distribution, mais aussi de l'État, dans l'injustice alimentaire est aussi récurrente que pénible. J'ai beau le savoir, je ne décolère pas. En entendant de telles inepties, j'en viens à penser que c'est *eux* qu'il faut *éduquer* : je leur ai donc envoyé dans la foulée de ce rendez-vous lunaire quelques lectures utiles sur la précarité alimentaire et les politiques à mener, parmi lesquelles le livre *Quand bien manger devient un luxe* de Benjamin Sèze[1] et le décapant *Mangez les riches. La lutte des classes passe par l'assiette* de Nora Bouazzouni[2].

La prochaine fois, je leur apporterai aussi le très utile *Où va l'argent des pauvres*, de Denis Colombi[3], en surlignant en jaune cette partie :

> *Il n'y a jamais qu'un pas entre penser que les pauvres prennent de mauvaises décisions et penser qu'ils sont pauvres parce qu'ils prennent de mauvaises décisions, et c'est un pas que certains franchissent avec une vitesse peu commune.*

1. Benjamin Sèze, *Quand bien manger devient un luxe. En finir avec la précarité alimentaire*, Paris, L'Atelier, 2023.
2. Nora Bouazzouni, *Mangez les riches. La lutte des classes passe par l'assiette*, Paris, Nouriturfu, 2023.
3. Denis Colombi, *Où va l'argent des pauvres*, Paris, Payot, 2020.

Rendez-vous avec l'indécence

Rendez-vous au Masa, le ministère de l'Agriculture et de la Souveraineté alimentaire, qui est aussi le ministère de l'alimentation et, donc, de l'industrie agroalimentaire, le 8 novembre 2022. Nous y allons ensemble avec Camille Dorioz, directeur des campagnes de Foodwatch, mais aussi avec le président de la Ligue contre le cancer et son équipe puisqu'il s'agit de notre campagne commune pour faire interdire les additifs à base de nitrites et nitrates ajoutés à notre alimentation. Nous arrivons à ce rendez-vous avec en poche plus de 500 000 signatures pour soutenir notre pétition et forts des études scientifiques qui pointent du doigt les risques pour la santé de ces additifs dans la charcuterie. On est aussi armés de l'étude de l'Anses, Agence nationale de sécurité sanitaire de l'alimentation, qui a confirmé en juillet 2022 le lien entre exposition aux nitrites et nitrates via la viande transformée et cancer. Nous insistons donc sur l'urgence que le gouvernement acte l'interdiction de ces additifs, tout en laissant la porte ouverte à un plan de sortie adapté tenant compte des sacro-saints impératifs économiques de la branche. Et nous précisons que nous ne lâcherons pas la pression sur l'Union européenne afin que cette décision prise d'abord en France soit généralisée aux autres pays européens – comme cela s'est passé pour l'interdiction de l'additif dioxyde de titane E171 interdit en France en 2020 puis en Europe en 2022.

Ajoutons que cette demande, nécessaire pour protéger la santé publique, est d'autant plus réaliste et constructive que les alternatives existent puisque l'industrie de la charcuterie commercialise déjà depuis un moment des produits sans nitrites ajoutés.

Cela fait beaucoup d'arguments difficiles à contester, il me semble. Et là, réponse de la conseillère du ministre à la fin de notre laïus : « Bon, le soleil aussi c'est cancérigène. »

Je dois vous faire un aveu, je n'ai jamais été aussi en colère dans un rendez-vous professionnel. Et pour cause ! Comment est-ce possible de chercher à ce point à justifier l'inaction politique avec un argument aussi lunaire (pardon, solaire...) alors que jusqu'à 4 000 nouveaux cas de cancer sont évitables par an rien qu'en France ? Le tout les yeux dans les yeux de notre coalition et du président de la Ligue contre le cancer en personne.

J'ai mis les poings sur la table et répondu fermement que cette histoire de soleil était indigne et que dans un cas comme celui de ces additifs, ajoutés délibérément dans notre alimentation et entraînant un risque évitable sur la santé des citoyen·nes, il est du devoir de l'État d'agir – État représenté par mon interlocutrice dans cette pièce...

J'ai appris par la suite que cette conseillère avait parlé de notre rendez-vous dans d'autres ministères et avait confié avoir beaucoup retravaillé sur ce dossier et changé d'avis. Pas assez malheureusement pour peser sur la décision du ministre de l'Agriculture, qui mène souvent la danse avec le ministère de l'Économie face au ministère de la Santé... Entre-temps, cette conseillère a été soudainement remplacée à ce poste et le gouvernement a finalement accouché d'une souris : un plan d'actions qui n'en est pas un et qui se contente de demander aux industriels de bien vouloir réduire l'adjonction d'additifs dans la charcuterie... Le dogme néolibéral a encore frappé : la bonne volonté des industriels est réclamée pour ne pas trop risquer d'interférer dans le business avec une loi... Les citoyen·nes apprécieront !

La blague de la « bonne volonté » des industriels

Pour l'industrie agroalimentaire, c'est du beurre. Quand la pression citoyenne devient trop forte, quand la menace d'une loi devient sérieuse, les marques et leurs fédérations prétendent être prêtes à agir. Elles mettent alors en avant des mesures sur lesquelles, disent-elles, elles sont prêtes à s'engager, arguant qu'une loi ou une nouvelle réglementation est donc inutile. Circulez, il n'y a rien à voir. Ce qui arrange bien les décideurs politiques partisans du « laisser-faire » qui peuvent justifier leur inaction par l'argument de « responsabiliser les entreprises » plutôt que de légiférer. Un vrai mirage, car qui dit « engagements volontaires » dit « ni contrôles, ni sanctions ».

Nitrites : pour le lobby de la charcuterie et le gouvernement, il est urgent d'attendre

Prenons l'exemple des additifs nitrés que j'ai déjà mentionné plus haut. Ces additifs à base de nitrites et nitrates sont utilisés principalement dans la charcuterie industrielle : jambon blanc, rillettes, saucissons, lardons, etc. Utilisés notamment comme conservateurs, ce sont eux qui rendent le jambon blanc rose. On les retrouve dans la liste des ingrédients sous les noms de code E249 (nitrite de potassium), E250 (nitrite de sodium), E251 (nitrate de sodium) et E252 (nitrate de potassium). Les risques pour la santé qu'ils présentent dans les produits alimentaires sont largement documentés. Injectés dans la viande puis digérés dans nos estomacs, ces additifs forment en effet des hèmes-nitrosylés comme les nitrosamines. Or, ces composés sont classés « cancérogènes probables » par le Centre international de la recherche contre le cancer (Circ). Ils favoriseraient l'apparition du cancer colorectal – deuxième cancer le plus mortel après celui des poumons – et du cancer de l'estomac. L'augmentation « du risque entre les charcuteries nitritées et les charcuteries non nitritées » est à un « niveau de preuve maximale aujourd'hui » soulignait en octobre 2020 Océane Martin, maîtresse de conférences en microbiologie clinique, devant les parlementaires français·es. Les conclusions de cette mission d'information sur les additifs menée par les député·es Richard Ramos (MoDem), Barbara Bessot-Ballot (La République en marche) et Michèle Crouzet (MoDem) ont été publiées dans un rapport parlementaire étayé en janvier 2021[1]. Ce rapport, qui fait largement référence aux études scientifiques sur les risques pour la santé de ces additifs dans la viande transformée, transcrit de nombreuses auditions – dont la mienne – et conclut parmi ses propositions qu'après une phase de transition, il faut viser « l'interdiction générale des additifs nitrés ». Dont acte, les trois parlementaires poursuivent leur mission en mettant sur la table une proposition de loi transpartisane à laquelle s'associent également une cinquantaine de membres du groupe Mouvement démocrate et Démocrates apparentés à l'Assemblée nationale.

En parallèle, Foodwatch mène depuis fin 2019 une campagne de mobilisation citoyenne massive avec l'application Yuka et la Ligue contre le cancer pour exiger l'interdiction de ces additifs. Des risques pour la santé scientifiquement étayés, une mobilisation citoyenne sans précédent, des alternatives pour les fabricants qui, pour beaucoup, commercialisent déjà

1. Rapport d'information déposé en application de l'article 145 du règlement, par la commission des Affaires économiques, en conclusion des travaux d'une mission d'information sur les sels nitrités dans l'industrie agroalimentaire, n° 3731, déposé le mercredi 13 janvier 2021.

des produits « sans nitrites »... Que faudrait-il de plus pour que cette loi soit votée ?

Eh bien il faudrait que le lobby des charcutiers, la Fict (Fédération des industriels charcutiers et traiteurs) – dont ses éminents membres Herta, Fleury Michon, Aoste, Madrange... –, ne soit pas prêt à tout pour bloquer une telle interdiction. Et il faudrait aussi du courage politique côté décideurs. Deux conditions loin d'être remplies, hélas...

Et pourtant j'y ai cru. Je me suis naïvement, au début, dit que, compte tenu du nombre de produits estampillés « sans nitrites » au rayon charcuterie de nos supermarchés, il était évident que, premièrement, les industriels avaient conscience des risques pour la santé de ces additifs et, deuxièmement, qu'ils pouvaient faire autrement, puisqu'ils commercialisaient déjà des produits alternatifs. Donc, en toute logique, j'ai pensé qu'il suffirait de discuter avec eux de combien de temps ils avaient besoin pour supprimer complètement ces additifs et avec quel accompagnement, notamment pour les PME, pour qu'ils soutiennent cette loi, qui serait ensuite élargie à toute l'Europe pour éviter des distorsions de concurrence.

Ça, c'était dans mes rêves, en fait. Parce que ça ne s'est pas du tout, mais alors pas du tout passé comme ça. Tout d'abord, la Fict travaille depuis des années, comme les autres lobbies, à la fabrique du doute. Objectif : minimiser les risques pour la santé et les contester – jusque devant les tribunaux, j'y reviendrai bientôt. Ces contre-feux leur permettent de faire diversion, d'occuper le terrain, de dissuader une partie de potentiels partisans de la loi, de gagner du temps[1]. Pourquoi ? Parce que, ce que ces marques ne disent

---

1. « Trois stratagèmes du lobby de la charcuterie pour éviter l'interdiction des nitrites ajoutés », Foodwatch, 30 juin 2021.

pas, c'est que bloquer une interdiction pure et simple de ces additifs leur permet de garder des parts de marché en maintenant un marché à deux vitesses : du « sans nitrites » souvent plus cher pour celles et ceux qui ont les moyens, et des gammes avec nitrites moins chères pour les autres, exposés à des risques de cancer accrus.

Néanmoins, sous la pression des consommateurs et des consommatrices et la montée politique et médiatique du sujet, la Fict et ses affiliés ont bien compris qu'ils ne pouvaient pas ne rien faire. Ils ont donc servi sur un plateau au gouvernement l'option d'« engagements volontaires » de réduction de ces additifs comme porte de sortie. Et le gouvernement a acheté.

Le gouvernement et, au premier chef, Marc Fesneau, alors ministre de l'Agriculture, qui a poussé la loyauté envers la Fict jusqu'à s'opposer en janvier 2022 au projet de loi qui aurait acté l'interdiction des nitrites ajoutés dans la charcuterie en France. Les député·es de la majorité macroniste de l'époque ont fait une véritable pirouette : ils ont refusé de voter l'interdiction des additifs nitrés, mais n'ont pas voulu créer un scandale en supprimant tout simplement le projet de loi. Ils l'ont d'abord vidé de sa substance, puis l'ont adopté avec pour seul contenu un engagement de réétudier la question à l'Assemblée nationale ultérieurement. Un tour de force politique. En contrepartie, le ministre a promis un plan d'action gouvernemental sur ces additifs. Quelques mois de relances et de rendez-vous au Masa plus tard, le plan est enfin communiqué le 3 avril 2023. C'est le scénario du pire : en lieu et place d'une interdiction de ces additifs avec un plan de sortie clair, ce plan qualifié d'« ambitieux » par le gouvernement est une coquille vide. En fait, les réductions annoncées de quantité de nitrites ajoutés dans certains aliments étaient déjà dans les tuyaux des industriels en 2021 ! C'est certes un petit pas, mais beaucoup trop petit et qui n'a rien de nouveau. Et après ? Je vous livre l'étape 3 du plan[1], pour vous laisser apprécier le degré de bullshit :

> *D'ici 5 ans et à long terme, la recherche et le développement de solutions visant à accentuer la trajectoire de diminution ou de suppression de l'utilisation de nitrites dans les produits carnés et l'évaluation de leur impact pour la santé.*

Une belle langue de bois pour dire en somme : les industriels vont peut-être essayer de réduire les additifs nitrés et il y aura peut-être des suppressions, mais rien n'est moins sûr et de toute façon les autorités publiques ne s'engagent à aucune interdiction et aucun contrôle. Voilà qui ressemble davantage à un communiqué de la Fict qu'à un plan gouvernemental… Les scientifiques sont pourtant clairs : la bonne dose de nitrites et de nitrates ajoutés, c'est zéro !

Vive la pub pour la malbouffe

Autre exemple de stratégie d'autorégulation : la publicité et le marketing qui ciblent les enfants pour les produits trop sucrés, trop gras, trop salés. Je l'ai déjà dit, l'OMS et de multiples expert·es insistent sur la nécessité d'un encadrement strict de ces pratiques face à l'épidémie d'obésité. Il faut dire qu'un enfant sur six en France est en surpoids ou obèse et le matraquage du marketing de la malbouffe sur tous les écrans n'y est pas étranger.

1. Plan d'action « Réduction de l'utilisation des additifs nitrites/nitrates dans les aliments », 25 mars 2022, accessible sur agriculture.gouv.fr.

Mais l'industrie agroalimentaire ne veut rien entendre et continue de manœuvrer pour que l'État s'en tienne à exiger d'eux des engagements de bonne conduite. C'est ce qu'a révélé notamment une lettre que Foodwatch s'est procurée, envoyée par l'Ania (pour rappel, Association nationale des industries alimentaires) le 28 octobre 2020 à quatre ministres[1] pour faire barrage à l'une des propositions de la Convention citoyenne pour le climat qui visait justement à faire interdire la publicité pour les produits de la malbouffe. Cette lettre, aussi opaque que honteuse, s'adressait aux ministères de l'Agriculture et de l'Alimentation, de l'Économie, de la Culture (donc de l'audiovisuel) et de la Transition écologique, mais l'Ania avait bien pris soin de ne pas mettre le ministère de la Santé en copie…

Bien sûr, la lettre promettait qu'en contrepartie d'un rejet de la loi, les industriels de la malbouffe allaient plutôt renforcer leurs engagements d'autorégulation. Leur message aux ministres avait le mérite d'être clair :

> *Nous sommes convaincus que la corégulation des acteurs est plus efficace que des mesures d'interdiction inscrites dans la loi.*

Le problème est que tous les rapports de ces dernières années ont insisté sur le manque d'efficacité de l'autorégulation en matière de marketing ciblant les enfants : Cour des comptes, Santé publique France et j'en passe… Dans son rapport de 2020 par exemple, Santé publique France écrit noir sur blanc :

1. Article de Foodwatch : « Révélations : la lettre honteuse de l'industrie alimentaire à 4 Ministres », 11 novembre 2020.

> *Le principe de l'autorégulation en matière de publicité alimentaire à destination des enfants s'est révélé peu efficace […]. La France devrait se doter d'une régulation normative de la publicité pour enfant*[1].

Pour faire croire qu'il suffit de leur faire confiance, les grandes marques comme Danone, Nestlé, Ferrero, General Mills, Kellogg's, Mars, Mondelez, Burger King, Coca-Cola, PepsiCo, Unilever et consorts ont voulu montrer patte blanche dans une charte volontaire, appelée *EU Pledge*. Ils s'y engageaient à ne plus faire de publicité ciblant les enfants de moins de 12 ans, sur tous les supports, sauf pour les produits qui répondent aux critères nutritionnels d'un « Livret blanc » conçu par leurs soins. Afin de comparer leurs engagements à la réalité, l'équipe de Foodwatch a passé au crible 228 produits – boissons et aliments – ciblant les enfants avec leur marketing, issus de marques ayant signé l'*EU Pledge*. En leur appliquant les critères nutritionnels de l'OMS, qui définit pour quels produits il est acceptable ou non de faire de la promotion auprès des enfants, notre enquête conclut que 86 % des produits examinés ne respectent pas ces critères[2]. Autrement dit, l'*EU Pledge* est totalement inefficace à protéger les enfants du matraquage marketing pour la malbouffe auquel ils sont exposés[3].

On attend donc toujours une loi, seule à même de véritablement protéger la santé des plus jeunes. La France est en retard : le Chili, le Mexique, l'Espagne et l'Angleterre ont déjà pris des mesures contre ce marketing débridé. En attendant, l'autorégulation,

1. Rapport de Santé publique France : « Exposition des enfants et des adolescents à la publicité pour des produits gras, sucrés, salés », 24 juin 2020.
2. Enquête « Les enfants, cibles du marketing de la malbouffe : l'heure de l'action politique », Foodwatch, 13 septembre 2023.
3. Tribune : « Il faut mettre fin au matraquage publicitaire des industriels de la malbouffe sur nos enfants », *Le Monde*, 28 octobre 2023

soutenue par l'État dans une parfaite mise en musique de la doctrine néolibérale décrite plus haut, a de beaux jours devant elle. Sans compter qu'entre entraide, entre-soi et conflits d'intérêts, il n'y a qu'un pas…

Petits jeux entre ami·es et conflits d'intérêts

Pierre France et Antoine Vauchez, deux experts en science politique, résument parfaitement bien le mélange des genres entre le public et le privé dans leur enquête parue en 2017[1]. Ils y dénoncent « l'encadrement conciliant des pantouflages » et la « sous-traitance de l'intérêt général » :

> *C'est l'histoire d'un trou noir qui s'est formé au cœur de nos démocraties : sa naissance dans l'angle mort des régulations professionnelles et des contrôles politiques, l'élargissement de son champ gravitationnel au cœur de l'État, et ce qu'il nous en coûte aujourd'hui politiquement et démocratiquement.*

De fait, les exemples de pantouflage ou portes tournantes ne manquent pas et ne peuvent qu'interroger. Il s'agit de ces passages réguliers de responsables politiques vers des postes de pouvoir dans le secteur privé, et vice versa. Des ministres qui rejoignent des multinationales, des député·es qui deviennent lobbyistes, des hauts fonctionnaires qui passent du côté d'intérêts économiques qu'ils étaient chargés de réguler, et inversement dans toutes les configurations. Bien sûr, d'aucuns vanteront l'intérêt d'avoir dans nos institutions des personnes expertes de certains sujets et certains secteurs économiques. Encore faut-il que ce

1. Pierre France et Antoine Vauchez, *Sphère publique, intérêts privés. Enquête sur un grand brouillage*, Paris, Presses de Sciences Po, 2017.

ne soit l'occasion ni d'allers-retours incessants, ni de conflits d'intérêts. Ce qui est un risque dans de nombreux cas. Voici quelques exemples de ces chassés-croisés gênants dans le secteur de l'agriculture et de l'alimentation.

Dans la série des transferts du public vers le privé qui ne font vraiment pas rêver l'intérêt général, Éléonore Levrette, ex-cheffe de cabinet de Marc Fesneau au ministère de l'Agriculture et de la Souveraineté alimentaire (2018-2022), occupe une des plus hautes marches du podium : elle a en effet rejoint mi-2022 Phyteis, en tant que directrice de la communication du lobby des pesticides[1].

En sens inverse – privé vers le public –, on peut féliciter Sophie Ionascu, ex-directrice de la communication de l'Ania (Association nationale des industries alimentaires) pour son débarquement au cabinet du même ministre de l'Agriculture et de la Souveraineté alimentaire en mai 2023. La Haute Autorité pour la transparence de la vie publique s'est quand même fendue d'« un avis de compatibilité avec réserves »...

En 2017 déjà, rappelons que deux ministres du premier gouvernement Macron venaient du secteur agroalimentaire, en l'occurrence de Danone, le fleuron français : Emmanuelle Wargon et Muriel Pénicaud. La carrière d'Emmanuelle Wargon est un exemple frappant de portes tournantes : passée par des postes à la Cour des comptes et au ministère de la Santé, elle rejoint Danone en 2015 en tant que directrice en charge de la responsabilité sociale d'entreprise (RSE), des affaires publiques et de la communication, puis revient au gouvernement en 2018 comme secrétaire

1. Clément Giuliano, « Nomination polémique d'une ex-conseillère du nouveau ministre de l'Agriculture », *Huffington Post*, 25 mai 2022.

d'État auprès du ministre de la Transition écologique et solidaire, puis, en 2020, comme ministre déléguée en charge du logement auprès de la ministre de la Transition écologique. Quant à Muriel Pénicaud, ministre du Travail de 2017 à 2020, elle a été directrice des ressources humaines chez Danone de 2008 à 2014, après des années en tant que directrice générale adjointe chez Dassault Systèmes (2002-2008). Elle s'est vu confier une nouvelle mission par Danone dès sa sortie du gouvernement.

On retrouve les mêmes vases communicants entre l'Assemblée nationale et le secteur privé. Début 2023, on apprend ainsi que l'ex-député LREM Jean-Baptiste Moreau s'est lancé dans le lobbying, en devenant expert associé dans l'agence d'affaires publiques RPP. Le média spécialisé *Contexte* rapportait alors :

> *Il avait eu l'occasion d'échanger pendant son mandat avec la directrice au bureau de Paris, Salomé Chelli-Enriquez, au sujet de One Health (Santé globale). Jean-Baptiste Moreau reprend d'ailleurs le dossier, pour le compte du laboratoire pharmaceutique MSD. L'agriculture n'est pour l'heure pas un dossier majeur chez RPP, mais Jean-Baptiste Moreau compte bien développer le portefeuille du cabinet. Il prévoit notamment de prendre la défense des nouvelles techniques d'édition génomique (NGT ou NBT, en anglais – c'est-à-dire OGM –) à Bruxelles.*

Dans l'autre sens, Mickaël Nogal est passé de lobbyiste pour le groupe Orangina à député en 2017. Et comme cela ne s'arrête pas de tourner, il a ensuite abandonné son mandat public de représentant élu pour retourner dans le privé prendre la direction de l'Ania, le lobby de l'industrie agroalimentaire, en 2022.

Quant au secteur de la grande distribution, il n'est pas en reste. L'ONG Observatoire des multinationales[1] révélait notamment en mars 2024 :

> *Un ex-membre d'un gouvernement d'Emmanuel Macron vient une nouvelle fois de rejoindre le secteur privé, en la personne de Laurent Pietraszewski. L'ancien secrétaire d'État aux retraites devient président du conseil d'administration du groupe Casino, désormais propriété du milliardaire tchèque Daniel Křetínský. On pourrait y voir un retour à la source pour celui qui était, avant de se lancer en politique, cadre RH au sein d'un autre groupe de grande distribution, Auchan.*

En sens inverse, on trouve Amélie Oudéa-Castéra, la ministre démissionnée de l'Éducation nationale et ministre des Sports pendant les JO 2024 : après un début à la Cour des comptes, elle rejoint le groupe AXA à divers postes de direction entre 2008 et 2018 avant de siéger au comité exécutif de Carrefour jusqu'en 2021, avant son entrée au gouvernement en 2022.

J'arrête ici, craignant de vous lasser, car la liste est encore longue… Comment ne pas voir les immenses risques de conflits d'intérêts ? Si une personne est au cabinet du ministre de l'Agriculture mais se dit, par exemple, qu'elle ne sait pas combien de temps ce mandat va durer et veut se garder une porte ouverte vers le secteur privé, disons Phyteis, quelle va être sa posture au moment de se prononcer sur des mesures restrictives sur les pesticides ? J'aimerais pouvoir dire qu'elle va défendre l'intérêt général, la santé des Français·es, la biodiversité, la qualité de l'eau. Mais en réalité, ces conflits d'intérêts ont toutes les chances de servir

1. Voir la page spéciale « Les portes tournantes » sur le site de l'Observatoire des multinationales : https://multinationales.org/fr/enquetes/les-portes-tournantes/.

l'agenda des lobbies. Et que dire de celles et ceux qui profitent de leur passage au gouvernement ou au Parlement pour se faire une renommée et un carnet d'adresses, précieux dans des cabinets de conseils aux entreprises, comme nous en offre un bel exemple Jean-Baptiste Moreau déjà cité[1]. Certains défendent ces phénomènes, prétextant que cela permet à des personnes « expérimentées » du secteur privé de mettre leur « expertise » au service de missions publiques, dans les ministères par exemple. Soit, pourquoi pas dans certains cas. Mais j'y vois vraiment deux énormes alertes et limites. D'une part, heureusement qu'on n'a pas besoin d'avoir travaillé dans l'industrie des pesticides pour pouvoir jouer un rôle crédible et efficace sur les politiques agricoles et la question des pesticides en tant que parlementaire ou conseiller ministériel… D'autre part, encore faudrait-il mettre des règles plus strictes pour éviter les effets de yoyo trop rapides et dangereux entre les sphères publique et privée.

Or tous les cas listés plus haut, qui ne sont que la partie émergée de l'iceberg, ont beau être choquants, ce phénomène grandissant de portes tournantes n'est toujours pas suffisamment encadré pour le moment. La Haute Autorité pour la transparence de la vie publique (HATVP) surveille déjà les « mobilités public-privé » depuis 2020, mais sans grandes contraintes – en particulier sur les membres du gouvernement. L'Observatoire des multinationales[2] propose de renforcer l'encadrement de ces pratiques, par exemple en interdisant toute activité relevant de la représentation d'intérêts privés aux anciens

1. « "L'agriculteur de Macron" et ex-député Jean-Baptiste Moreau, lobbyiste d'un cabinet européen ? », *Marianne*, 22 février 2023.

2. Observatoire des multinationales : https://multinationales.org/fr/enquetes/les-portes-tournantes/portes-tournantes-et-brouillage-des-frontieres-public-prive-quelles-reponses.

responsables politiques pour une période d'au moins trois ans. Et inversement, interdire tout recrutement de lobbyistes à des postes de responsabilité publique avant une période d'au moins trois ans après la sortie de poste. L'Observatoire préconise aussi de supprimer le « joker » de la création de sociétés de conseil, extrêmement opaque, de renforcer les moyens d'investigation et de contrôle de la HATVP et d'interdire purement et simplement les portes tournantes dans certaines industries ou certaines fonctions.

Opacité et impunité

J'en suis convaincue, pour ceux qui profitent de ce système destructeur et du *statu quo*, maintenir un climat d'opacité et d'impunité est essentiel. *Pas vu, pas pris* est leur mode opératoire. Tant que personne ne dit rien, ils peuvent pousser un cran toujours plus loin le curseur des pratiques abusives et des promesses de papier. Tant que ça passe…

Prenons l'exemple des scandales alimentaires. Comme on le répète avec Foodwatch, tant qu'il n'y aura pas davantage de contrôles de l'État et de sanctions dissuasives, les scandales se répéteront et les fraudes alimentaires continueront[1]. La recette est connue : les multinationales se sentent non seulement à l'abri, mais même au-dessus des lois.

Dernier cas emblématique en date : les eaux minérales contaminées et filtrées illégalement. En janvier 2024, les journalistes Marie Dupin, de la cellule investigation de Radio France, et Stéphane Foucart, du journal *Le Monde*, révélaient la responsabilité de

1. *Manger du faux pour de vrai. Les scandales de la fraude alimentaire*, une enquête d'Ingrid Kragl, directrice de l'information de Foodwatch, Paris, Robert Laffont, 2021.

Nestlé Waters (Vittel, Perrier, Contrex, Hépar, etc.) et de Sources Alma (Cristaline, etc.) dans une affaire de fraude massive : des eaux minérales contaminées filtrées à l'aide de traitements illégaux, mises en bouteilles et écoulées en toute impunité sur le marché européen auprès de consommatrices et consommateurs trompé·es[1].

Le constat est accablant et la liste des pratiques frauduleuses longue comme le bras :

- chez Nestlé Waters, une « contamination généralisée » des sites de Perrier, Vittel et Hépar : concrètement, les eaux de source et minérales contenaient des traces de la bactérie Escherichia coli (d'origine fécale) « dans des concentrations parfois élevées », de pesticides, de Pfas, de micropolluants et de recours à des traitements interdits d'ultraviolets et de filtres au charbon actif ;
- dans une usine de chez Sources Alma, des eaux minérales ou de source ont été coupées à l'eau du robinet, injectées au sulfate de fer ;
- usage de filtrations illégales caché aux contrôleurs : dans certains cas, les filtres étaient dissimulés dans des placards électriques.

Pour certaines marques de Nestlé, ce manège dure apparemment depuis des décennies et aurait permis de dégager des milliards de bénéfices sur le dos des Français persuadés de boire de l'eau pure – qu'ils achètent à prix d'or. Les enquêteurs de Bercy

1. Marie Dupin, « Plusieurs producteurs d'eau en bouteille ont filtré illégalement leur eau pour masquer une contamination », *France Info*, 30 janvier 2024, et Stéphane Foucart, « Nestlé reconnaît avoir eu recours à des traitements interdits sur des eaux minérales pour maintenir leur "sécurité alimentaire" », *Le Monde*, 29 janvier 2024.

parlent carrément d'une stratégie pour tromper les consommatrices et consommateurs chez Nestlé, révèle *Mediapart* en juillet 2024[1]. Évidemment, en cas de contamination, la mise en bouteille aurait dû être suspendue et les produits encore sur le marché être rappelés. Ça n'a pas du tout été le cas. Dans le viseur des autorités et de la justice depuis ces révélations, les groupes Nestlé et Sources Alma se sont murés dans le silence, au mépris de tout le monde.

Foodwatch a porté plainte dès le mois de février 2024 au pénal, non seulement pour que les responsabilités de Nestlé Waters et de Sources Alma soient clairement établies, mais aussi pour que celles de l'État soient rigoureusement étudiées. En effet, l'enquête de Marie Dupin et Stéphane Foucart a révélé que le gouvernement aurait été informé de l'utilisation de ces procédés de traitement illégaux depuis au moins 2021. Or, plutôt que d'y mettre un terme et de sanctionner les entreprises, il aurait accepté une réunion avec Nestlé à l'issue de laquelle l'entreprise aurait obtenu le droit de continuer à filtrer illégalement ses eaux, sans aucune information aux consommateurs, aux distributeurs, à la Commission européenne ou aux autres États membres. Cette complaisance de l'État a été confirmée dans le rapport de la mission d'information sénatoriale publiée le 16 octobre 2024. Antoinette Guhl, la sénatrice qui a mené cette enquête, dénonce vigoureusement la responsabilité de l'État : « Le gouvernement savait depuis mi-2021 puisque Nestlé s'est autosignalé auprès du gouvernement[2]. » Son rapport pointe du doigt la réponse

1. Pascale Pascariello, « Scandale des eaux en bouteille : la fraude de Nestlé s'élève à plus de 3 milliards en 15 ans », *Mediapart*, 18 juillet 2024.

2. Quentin Gérard, « Affaire des eaux en bouteille : un rapport du Sénat dénonce "un scandale industriel" doublé d'un "scandale politique" », *Public Sénat*, 16 octobre 2024.

tardive et peu volontariste de l'État aux signalements opérés dès 2020 et 2021.

En attendant, Nestlé Waters cherche toujours à noyer le poisson. Une de ses réponses à l'Agence France-Presse en janvier 2024 est scandaleusement hallucinante :

> *[Ces traitements] ont toujours eu pour objectif de garantir la sécurité sanitaire. [...] Ils ont mené l'entreprise à perdre de vue l'enjeu de conformité réglementaire.*

On peut dire qu'ils n'ont pas peur du ridicule : ils veulent nous faire avaler que c'est dans le seul objectif de préserver la santé des consommateurs et consommatrices qu'ils ont été amenés à enfreindre la loi... Ils oublient un peu rapidement que « garantir la sécurité » sanitaire de l'alimentation *et* respecter la loi sont bien évidemment des obligations de base des entreprises...

Bref, une fois de plus, c'est l'omerta dans un système totalement insensé. Non seulement Nestlé et d'autres géants accaparent des biens communs comme l'eau, mais cela va beaucoup plus loin. Au commencement du cercle vicieux, la pollution des sols et des nappes phréatiques par les pratiques intensives de l'industrie agro-industrielle. Résultat : cette industrie est elle-même responsable de la présence de résidus de pesticides et de polluants éternels (Pfas) retrouvés jusque dans les eaux profondes censées être des *eaux minérales* pures. Comble du cynisme, quand Nestlé Waters s'en rend compte, ils préfèrent cacher ces contaminations sous le tapis et recourir à des traitements illégaux pour continuer à vendre très cher de l'eau en bouteille moins pure que celle, gratuite ou presque, du robinet. Ah non, comme il ne semble pas y avoir de limite, cela va encore plus loin, voici le comble du cynisme : Nestlé Waters et le tribunal d'Épinal ont conclu une transaction financière, appelée convention judiciaire d'intérêt public (CJIP) début septembre, pour toute réponse à la plainte de Foodwatch de février 2024. Dans ce cadre, le procureur avait proposé à l'association de chiffrer le « préjudice » subi et ainsi clore le sujet, sans procès. Foodwatch s'y est fermement opposée et a déposé une nouvelle plainte, car compte tenu de la gravité des faits, l'urgence est de casser ce climat d'impunité[1].

Ainsi, le rôle de l'État dans ce système néolibéral hors-sol est réduit avant tout à organiser et à accompagner le laisser-faire, le *pas vu pas pris* des gros acteurs économiques et de leurs lobbies qui croient pouvoir agir en toute opacité et impunité et qui redoublent d'ingéniosité pour créer du doute, de la diversion, pour maintenir le *statu quo* bénéfique à leurs profits. Beaucoup trop souvent au détriment de l'intérêt général, de la santé, des droits de chacune et chacun. Le tout largement arrosé par l'argent public. C'est la tournée des citoyen·nes !

1. « Eaux minérales : Nestlé Waters échappe au procès à Epinal, Foodwatch ne lâche rien », communiqué de presse du 10 septembre 2024 sur le site foodwatch.fr.

Le hold-up organisé de l'argent public

Nous payons trois fois notre alimentation. Une première fois quand on achète directement des produits dans les supermarchés, les marchés, les épiceries ou directement aux producteurs et productrices. Une deuxième fois avec l'argent public de nos impôts, utilisé pour de nombreuses subventions et programmes de soutien à l'agriculture intensive, l'industrie agroalimentaire et la grande distribution. Et une troisième fois, toujours avec nos impôts, pour couvrir les coûts cachés que ce système alimentaire génère : coûts de santé liés à la malbouffe et à la précarité alimentaire, coûts immédiats et futurs de la détérioration de nos écosystèmes.

Quand l'État engraisse les mastodontes du système

Il est difficile d'avoir une liste exhaustive des aides directes et indirectes apportées par l'État au secteur privé, car celles-ci prennent de multiples formes (subventions, crédits d'impôts, etc.). Et là encore il y a trop souvent un manque de transparence. Mais la récente étude « L'injuste prix de notre alimentation.

Quels coûts pour la société et la planète ?[1] », mentionnée plus haut, donne des indications très utiles sur la répartition des 67 milliards d'euros annuels identifiés d'argent public irriguant le système agroalimentaire actuel. Au-delà des 19 milliards d'euros estimés engagés pour « réparer et compenser » les dommages de ce système sur la santé, ses impacts écologiques et socio-économiques, l'étude affirme que chaque année en France :

> *Nous toutes et tous mettons sur la table 48,3 milliards d'euros pour soutenir notre système agricole et alimentaire.*

Ce soutien public se répartit entre 21,4 % de budgets européens, essentiellement la Pac (politique agricole commune), 19,6 % de budget pour les collectivités territoriales, en particulier pour la restauration collective, et 59 % au niveau de l'État – dont plus de 43 % d'exonérations fiscales et de cotisations sociales : par exemple, le taux réduit de TVA à 10 % pour la restauration commerciale ou le tarif réduit des gazoles non routiers (pour les exploitations agricoles) et autres réductions, suppressions ou crédits d'impôt. Le problème, comme le précise l'étude, c'est que tout cet argent public n'est même pas utilisé comme levier vers une transition plus juste et plus durable du système alimentaire :

> *L'État représente le financeur le plus important et aussi le plus aveugle. Car très peu de ses soutiens, en particulier ceux qu'il apporte par le biais d'exonérations fiscales et sociales (21 milliards d'euros), par nature plus*

1. « L'injuste prix de notre alimentation. Quels coûts pour la société et la planète ? », Secours catholique – Caritas France, le réseau Civam, Solidarité Paysans et la Fédération française des diabétiques, avec le cabinet Le Basic ; sur la base de données de 2021, publiée le 17 septembre 2024.

difficiles à piloter, sont conditionnés à des pratiques sociales et écologiques durables.

Le financement de l'aide alimentaire a quant à lui atteint 664 millions d'euros en 2021. Si ce financement a été couvert à 31 % par les dépenses des collectivités locales et à 21 % par des « crédits nationaux et européens en faveur de l'aide alimentaire », près de la moitié (48 %) de ce montant correspond à la défiscalisation de dons alimentaires. C'est-à-dire une dépense de l'État colossale qui finit en grande partie dans les mains de l'industrie alimentaire et de la grande distribution avec des crédits d'impôts en échange de dons de piètre qualité. Un véritable scandale dans le contexte de précarité alimentaire grandissante. Nous y reviendrons dans le chapitre suivant.

Plus largement, quand d'un côté on nous rabâche que l'État n'a pas d'argent pour soutenir les services publics et autres postes d'intérêt général, il est difficile d'avaler l'idée que de l'autre, l'argent public engraisse des groupes privés. Ici, faisons un pas de côté avec Maxime Combes et Olivier Petitjean, économiste et journaliste engagés, qui nous expliquent comment l'argent public profite en priorité au secteur privé, dans leur livre *Un pognon de dingue mais pour qui ? L'argent magique de la pandémie*[1]. Ils y rappellent que les aides aux entreprises ont augmenté trois fois plus vite que les aides sociales entre 2007 et 2018 – une tendance qui reste vraie ces dernières années – et ils dénoncent un manque criant de transparence sur ces aides, qualifiant ce système d'« incontrôlable et incontrôlé ». Le dogme néolibéral est décidément implacable : les deux journalistes dénoncent un État mis au service en priorité des intérêts économiques

1. Maxime Combes et Olivier Petitjean, *Un pognon de dingue mais pour qui ? L'argent magique de la pandémie*, Paris, Seuil, 2022.

du secteur privé, avec des conséquences désastreuses, notamment post-Covid :

> *En même temps que les entreprises profitaient de la politique d'open bar initiée par le gouvernement, des pans entiers du secteur public ont continué à dépérir lentement.*

Anne-Laure Delatte ne dit pas autre chose dans ses recherches[1]. D'abord côté impôts, où elle note le déséquilibre d'une action publique qui pèse davantage sur les citoyen·nes que sur les entreprises. Alors que le coût de l'action publique est en augmentation depuis soixante-dix ans, l'économiste alerte :

> *La contribution des entreprises a baissé, de sorte que l'augmentation des recettes pèse de plus en plus sur les ménages. Si les citoyens ressentent ce transfert de la charge sur leurs épaules, à un niveau individuel, cela pourrait bien nourrir leur méfiance croissante.*

Ensuite, du côté de l'argent public consacré directement à soutenir les entreprises (subventions, financements, crédits d'impôts), une partie très importante de la dépense publique mais pourtant peu débattue, elle souligne :

> *L'injonction de « maîtrise » des dépenses publiques s'empare volontiers des services publics et de la protection sociale, mais est bien moins prolixe sur ces aides publiques de soutien à l'économie.*

Une des raisons qu'elle avance à ce manque de débat est que ces dépenses publiques en soutien aux entreprises sont difficiles à retracer dans les statistiques publiques et donc largement sous-estimées. La

1. Anne-Laure Delatte, *op. cit.*

partie immergée de l'iceberg cache là encore une multitude de niches fiscales, exonérations, abattements, déductions et crédits d'impôts. Autant d'argent offert qui manque au budget de l'État. Elle estime ces aides publiques à l'économie à 324 milliards d'euros en 2021, dont les *niches fiscales* représentent la moitié. Si encore ces dépenses publiques étaient justifiées par des investissements et un soutien aux PME, aux entrepreneurs et entrepreneuses, mais, sans surprise, ces avantages sont proportionnels au chiffre d'affaires et profitent donc davantage aux grandes et très grandes entreprises.

Pourquoi ce recours de plus en plus massif à ces exonérations fiscales et sociales ? Anne-Laure Delatte répond :

> *Une première piste est celle de l'opacité. Le manque de lisibilité des niches rend impossible le suivi budgétaire. [...] Des exonérations sont plus discrètes que des subventions et donc suscitent moins d'opposition et de discussion. [...] On s'épargne un douloureux débat citoyen ; et on peut même, quelques années après avoir voté des exonérations, pousser le bouchon jusqu'à s'indigner d'une caisse d'assurance sociale exsangue, ou d'un déficit public irresponsable. Il est grand temps de mettre ces montants au cœur du débat public.*

C'est d'autant plus nécessaire qu'Anne-Laure Delatte a aussi étudié à quels secteurs servait le plus cet argent public et c'est encore plus inquiétant. Elle révèle qu'au cours des quarante-cinq dernières années, les subventions publiques ont été versées en majorité aux branches d'activité les plus polluantes, notamment l'industrie manufacturière et la production et distribution d'électricité et de gaz, et que cette tendance semble s'accélérer.

Il y a donc un besoin urgent de rediriger les finances publiques là où la société en a vraiment besoin, car « en asséchant les recettes sociales et fiscales au profit du secteur productif, l'action publique a délaissé des pans qui profitaient aux citoyens », comme les services publics de santé ou d'éducation. Un sujet tellement d'actualité…

Quand la lutte contre la précarité alimentaire enrichit la grande distribution

Revenons justement à un exemple frappant de niche fiscale dans le système alimentaire.

Non contents d'avoir une part de responsabilité énorme dans l'offre alimentaire actuelle et ses impacts et coûts cachés, que bien sûr ils ne reconnaissent jamais, les acteurs de la grande distribution se permettent le luxe de se faire passer pour la solution en se débarrassant de leur surplus vers les acteurs d'aide alimentaire… et en raflant le pactole en argent public au passage ! Le comble du cynisme.

Un peu de contexte : la loi de 2016 dite loi « Garot[1] » oblige les supermarchés de plus de 400 mètres carrés à donner certains de leurs invendus à des associations caritatives au lieu de les jeter. Un dispositif censé être anti-gaspillage et aider les personnes confrontées à la précarité alimentaire, dont les grands gagnants sont en fait… les distributeurs !

En effet, ces acteurs captent des sommes exorbitantes d'argent public, sous forme de réductions d'impôts équivalentes à 60 % du montant de leurs dons alimentaires. Comme je l'ai mentionné plus haut

1. Loi n° 2016-138 du 11 février 2016 relative à la lutte contre le gaspillage alimentaire.

avec l'étude « L'injuste prix de notre alimentation », près de la moitié des 664 millions d'euros de financement public de l'aide alimentaire correspond en effet à la défiscalisation de dons alimentaires (sur la base de chiffres de 2021). Donc de l'argent dont l'État fait cadeau aux entreprises, notamment la grande distribution. Une vraie manne, filière d'une alimentation bas de gamme pour les pauvres.

Car, en échange, les supermarchés n'ont que très peu (trop peu) de contraintes sur le type et la qualité des produits qu'ils donnent. Des décrets d'application de la loi[1] précisent certaines modalités des conventions de partenariat entre les associations de l'aide alimentaire et les supermarchés, avec quelques obligations concernant la date limite de consommation (DLC), l'étiquetage et, plus récemment, l'obligation des distributeurs de disposer d'un *plan de gestion de la qualité des dons alimentaires*. Mais ce plan concerne essentiellement la formation et l'information des équipes, pas la qualité des produits alimentaires en soi, qu'elle soit nutritionnelle ou relative à la question des produits frais *versus* produits ultra-transformés.

Une évaluation du ministère de l'Agriculture et de l'Alimentation sur l'application de la loi Garot révélait déjà en 2019[2] que les banques alimentaires récupéraient « une part importante de produits gras, sucrés et

1. Décret n° 2016-1962 du 28 décembre 2016 relatif aux dons de denrées alimentaires entre un commerce de détail alimentaire et une association d'aide alimentaire habilitée en application de l'article L. 230-6 du code rural et de la pêche maritime, et décret n° 2019-302 du 11 avril 2019 relatif aux conditions dans lesquelles les commerces de détail s'assurent de la qualité du don lors de la cession à une association habilitée en application de l'article L. 266-2 du code de l'action sociale et des familles.

2. Ministère de l'Agriculture et de l'Alimentation : évaluation de l'application des dispositions de la loi du 11 février 2016 relative à la lutte contre le gaspillage alimentaire, et du décret d'application du 28 décembre 2016, synthèse de novembre 2019.

salés et manquaient relativement de fruits et légumes et de protéines animales (viande, poisson et œuf) ».

Maxime Fritzen, codirecteur en charge du plaidoyer de l'Ugess, l'Union nationale des Groupements des épiceries sociales et solidaires, qui réunit 130 épiceries partout en France, témoigne :

> *En bout de chaîne, il ne reste alors que les produits ultra-transformés, trop gras, salés ou sucrés alors que les études rapportent que 29 % des personnes faisant appel à l'aide alimentaire souffrent d'obésité, contre 17 % au sein de la population française.*

Résultat : les associations qui œuvrent à cette aide alimentaire se plaignent, à juste titre, de la mauvaise qualité des produits collectés. Mais le rapport de force avec la grande distribution ne joue pas en leur faveur. Elles doivent donc se contenter avec ce dispositif de récupérer ce que les acteurs économiques veulent bien leur donner, c'est-à-dire beaucoup trop souvent non seulement des produits peu sains et ultra-transformés, mais aussi carrément des produits inutilisables, dont les supermarchés se déchargent sur les associations (en échange de déductions fiscales, donc…). L'évaluation du ministère confirme :

> *Les produits ramassés le sont ainsi à des DLC de plus en plus courtes ; parfois non redistribuables par les associations, pouvant entraîner un report des déchets des distributeurs vers les associations et donc les collectivités territoriales. Les associations rencontrées indiquent que la grande majorité des denrées récupérées auprès des magasins ont des dates inférieures à 48 heures ; contrairement aux exigences apportées par la convention type.*

Trop de malbouffe. Et un grand gaspillage au passage sous couvert d'une loi anti-gaspillage : 16 % des denrées distribuées par les supermarchés finissent à la poubelle, selon une étude de l'ADEME de 2023[1]. Le rapport explique qu'une grande partie de ces pertes est liée à la mauvaise qualité des dons, principalement sur les produits frais et les fruits et légumes, soit parce qu'ils sont déjà abîmés lorsque les associations les reçoivent, soit parce qu'ils portent une DLC du jour et ne seront pas distribuables le moment venu, soit encore parce qu'ils « ont une apparence encore acceptable, mais vont se détériorer d'ici la prochaine distribution, en particulier les produits de boulangerie qui sont généralement non distribuables dès réception (pain sec) ».

Cela représente 38 000 tonnes équivalant à 185 millions d'euros de produits reçus par les associations, mais jetés directement parce que non consommables, parce que les supermarchés ne font pas le tri des produits avant de les donner. Disons plutôt, avant de s'en débarrasser. Le gaspillage d'argent public lié à ces tonnes de soi-disant « dons » qui finissent à la poubelle, dans les poches des acteurs de la grande distribution et au détriment des plus vulnérables, estimé dans le rapport, est aussi colossal que totalement scandaleux :

- 65 millions d'euros de déductions fiscales, c'est-à-dire non perçus par l'État ;
- 64 millions d'euros de frais de fonctionnement inutiles pour les associations pour des aliments reçus mais jetés (transport, stockage, énergie, etc.) ;
- 10 millions d'euros de coûts de traitement de déchets supplémentaires pour les collectivités

1. Rapport de l'ADEME : « Quelles solutions pour un don de meilleure qualité ? Constats et recommandations », 2023.

– et autant d'économisé par la grande distribution !

Et la tendance des profiteurs sans scrupule de ce système de dons alimentaires ne faiblit pas, malheureusement, comme l'ont encore démontré de récents contrôles sur le terrain. Un communiqué officiel, suite à des contrôles par les services de l'État en région Auvergne-Rhône-Alpes en 2024 sur la qualité des dons effectués par une vingtaine d'établissements relevant de dix enseignes de distribution différentes[1], alerte sur « des écarts importants dans le respect des règles sanitaires applicables lors de ces dons » avec notamment près de 50 % des produits donnés alors que leur date limite de consommation était dépassée. 50 % ! Au-delà du caractère consternant de ce constat, ces pratiques sont par ailleurs illégales… Les services d'inspection disent avoir pris « des mesures adaptées de police administrative voire pénale à l'encontre des établissements concernés par ces non-conformités ». Il est clair qu'il est indispensable de casser cette omerta et ce climat d'impunité ! Et le gaspillage d'argent public qui va avec.

Il ne s'agit bien sûr pas ici de questionner le besoin d'aide alimentaire, mais bien de comprendre à qui ce système profite. L'aide alimentaire ne devrait de fait n'être que l'élément de dernier recours de vraies politiques de lutte contre la précarité alimentaire et, surtout, elle devrait être revue de fond en comble. Dans sa structure actuelle, le grand profiteur de l'aide alimentaire est la grande distribution, qui gagne de l'argent en déléguant la gestion de ses surplus aux associations et aux bénévoles, surplus

1. Communiqué de l'État : « Dons alimentaires : les services de l'État réalisent des contrôles ciblés », 20 novembre 2024, accessible sur https://www.prefectures-regions.gouv.fr.

qui ne finissent qu'à 84 % dans les placards des bénéficiaires et nuisent trop souvent à leur santé... On rêve... Un système doublement violent surtout pour les personnes dans le besoin qui n'ont pas d'autre choix que d'y avoir recours[1]. A-t-on besoin de le rappeler : ce que demandent les personnes en précarité, c'est un accès digne, librement choisi, à une alimentation saine et de qualité. Point.

Or, si la lutte contre la précarité alimentaire, en amont, commence à apparaître comme un enjeu de certaines politiques publiques – elle a notamment été ajoutée dans le Code de l'action sociale grâce à la loi EGalim de 2018 et dans les plans du Comité national de coordination de la lutte contre la précarité alimentaire (Cocolupa) qui rassemble associations de solidarité, collectivités territoriales, institutions, fondations privées et organismes de recherche[2] –, la réalité est que ces politiques ne changent pas vraiment. Tout donne l'impression que l'État part du principe que le système peut continuer comme il est, et qu'il suffit d'assurer l'ultime filet de sécurité pour celles et ceux qui tombent en marche dans la précarité alimentaire : mais cette aide alimentaire ne répond ni aux vrais besoins, ni – encore moins – au droit fondamental à une alimentation digne, saine, accessible, choisie, durable.

1. Bénédicte Bonzi, *La France qui a faim. Le don à l'épreuve des violences alimentaires*, Paris, Seuil, 2023.

2. Comme l'a rappelé Mathilde Douillet lors du Colloque de Cerisy-La-Salle « Manger ensemble pour refaire le monde ? » en septembre 2022, la loi EGalim a permis d'ajouter une définition de la précarité alimentaire au chapitre sur la lutte contre la pauvreté et les exclusions du Code de l'action sociale et des familles : « La lutte contre la précarité alimentaire vise à favoriser l'accès à une alimentation sûre, diversifiée, de bonne qualité et en quantité suffisante aux personnes en situation de vulnérabilité économique ou sociale. Elle s'inscrit dans le respect du principe de dignité des personnes. Elle participe à la reconnaissance et au développement des capacités des personnes à agir pour elles-mêmes et dans leur environnement. »

Pour le moment, le constat est donc amer : l'État continue de soutenir et même de subventionner le système agroalimentaire actuel, qui accentue inégalités et laisse toujours davantage de laissés-pour-compte sur le bas-côté de la route, lesquels n'ont pas d'autre choix que de subir. C'est l'antithèse du droit à se réapproprier son alimentation et les liens sociaux et environnementaux qui vont avec.

Intimidation et répression à tous les étages

Quand leurs tactiques habituelles ne suffisent plus, quand des organisations de la société civile se mettent sur leur route et deviennent une menace pour leur stratégie et leurs profits, les multinationales et leurs lobbies n'hésitent pas à avoir recours à des tentatives d'intimidation. L'État non plus.

Faire taire les voix qui dérangent : les procédures bâillons

La différence de moyens notamment financiers entre les géants de l'agroalimentaire et les associations de défense des citoyen·nes est sans aucun doute une raison majeure de l'impunité du système actuel. Dans ce contexte, les armadas d'avocats et de conseillers dont s'entourent les multinationales et leurs lobbies peuvent facilement dissuader les protestations pourtant légitimes des associations citoyennes, en les menaçant par exemple de procès et de coûts d'avocats et d'amendes astronomiques. Et ils ne s'en privent pas.

Vincent Bolloré en est un exemple flagrant. Avant d'être un magnat des médias en France, l'homme d'affaires a construit un empire économique en Afrique avec ports, lignes ferroviaires et plantations de palmiers à huile ; concernant ces affaires, il a pratiqué pendant des années l'attaque systématique en justice pour diffamation à la moindre accusation dans le moindre rapport d'ONG ou article de journaliste[1]. Quand je travaillais au Cameroun sur les problèmes de déforestation et d'accaparement des terres pour des plantations de palmiers à huile, comme la plantation Socfin (propriété Bolloré), on le savait, cette menace dissuasive circulait. Le risque quasi automatique d'être attaqué en justice par le groupe en a refroidi certains, préférant s'autocensurer plutôt que de perdre énormément de temps et d'argent à contrer une offensive judiciaire. Pas de critiques, pas de problèmes. Circulez, il n'y a rien à voir.

Mais ce type de stratégie est aussi utilisé bien plus près de chez nous. La Fict – que je ne vous présente plus – et les grandes marques qui se cachent derrière elle (Herta, Fleury Michon, Aoste, Madrange, etc.) ont ainsi tenté en 2021 de museler la mobilisation citoyenne contre les additifs nitrés en attaquant Yuka en justice. Il faut dire que notre campagne faisait du bruit. D'une part, la pétition conjointe de Foodwatch, la Ligue contre le cancer et Yuka décollait avec des dizaines de milliers de signatures – plus d'un demi-million à ce jour – et un bon relais de ce sujet santé dans les médias. D'autre part, les équipes de Yuka avaient mis en place un mécanisme d'interpellation très malin : à chaque fois que vous scanniez un produit dans un supermarché contenant un des quatre additifs incriminés (E249, E250, E251 ou E252), la pétition apparaissait sur votre téléphone mobile dans un pop-up vous invitant à la signer. Avec plus de

1. « Des journalistes et des ONG dénoncent des “poursuites bâillons” de la part du groupe Bolloré », tribune parue dans *Le Monde*, 24 janvier 2018.

20 millions de personnes utilisant alors l'application, la mobilisation était puissante.

Là, c'en fut trop pour les vendeurs de jambon rose industriel. Comment faire pour nous faire peur et réduire la pression ? Ils n'allaient quand même pas attaquer la Ligue contre le cancer ! Et s'en prendre à Foodwatch n'était pas plus facile : la liberté d'expression d'une association loi 1901 comme Foodwatch est très protégée, surtout quand elle est basée sur toutes les études scientifiques et sources que nous rendons systématiquement publiques. Il restait Yuka qui, tout en étant indépendante des industriels, a été créée sous la forme d'une entreprise commerciale. Va pour l'intimidation alors : Yuka a reçu une dizaine de mises en demeure dont trois procédures judiciaires. La Fict a monté le dossier et ses adhérents (les moins connus, les grandes marques préférant manifestement ne pas mouiller leur réputation) ont multiplié les plaintes et procédures. Une tactique bien connue : noyer ceux qui vous dérangent sous les procédures judiciaires pour les paralyser – ce sont les fameux « procès-bâillons ».

Autre tactique du lobby des industriels de la charcuterie : attaquer devant le tribunal de commerce, où les enjeux économiques priment sur le sujet de santé publique. D'ailleurs, dans un premier temps, cette stratégie de diversion a fonctionné. Le tribunal de commerce de Paris a condamné Yuka en première instance pour « dénigrement » et « pratique commerciale déloyale et trompeuse ». Nous avons bien sûr fait front uni contre cette cabale judiciaire ridicule qui n'avait pour objectif que de freiner nos actions poussant une loi contre les additifs nitrés. Julie et Benoît, cofondateurs de Yuka, ont fait appel de cette décision incompréhensible et la mobilisation citoyenne n'en a été que plus grande. La Cour d'appel d'Aix-en-Provence, de Brive-la-Gaillarde puis celle de Paris ont donné raison à Yuka, en juin 2023, en lui reconnaissant le droit d'alerter sur les risques pour la santé de ces additifs. Dans son arrêt, la Cour d'appel de Paris « déboute la Fédération des entreprises françaises de charcuterie traiteur (Fict) de l'ensemble de ses demandes sur le fondement du dénigrement, de l'appel au boycott et des pratiques commerciales déloyales et trompeuses[1] ». Victoire !

ONG et journalistes indépendants sont de plus en plus nombreux à être la cible de telles procédures bâillons. Là encore, pour organiser la résistance efficacement, il faut se serrer les coudes et agir en bande organisée, c'est-à-dire montrer que si on s'attaque à l'un ou l'une d'entre nous, une coalition se dresse immédiatement à ses côtés. C'est précisément le but du collectif On ne se taira pas[2], qui regroupe des associations, avocats, journalistes, lanceurs d'alerte dénonçant au grand public des violations des droits humains et environnementaux pour faire barrage, ensemble, aux poursuites judiciaires d'intimidation intentées par des acteurs économiques de pouvoir et/ou d'influence. Il réunit notamment les associations Sherpa, les Amis de la Terre, le Collectif des associations citoyennes, Foodwatch, France Libertés, Greenpeace, l'Observatoire des multinationales et le SNJ (Syndicat national des journalistes).

1. Foodwatch : « Nitrites ajoutés : Une victoire incontestable de Yuka et de notre mobilisation, face au lobby de la charcuterie la Fict », communiqué de presse du 9 juin 2023.

2. https://onnesetairapas.org/.

Violences et répressions étatiques

Le Syndicat de la magistrature a mis à disposition un guide pratique à destination des manifestant·es, *Le Guide du manifestant arrêté*[1], pour informer ces derniers de leurs droits en cas de contrôles d'identité, de gardes à vue, etc.

Le constat dressé dans ce livre sonne comme une alerte face à la pénalisation de plus en plus fréquente des mouvements de contestation, comme les Gilets jaunes en 2018, les mobilisations contre la loi « sécurité globale » en 2021, contre la réforme des retraites et contre les méga-bassines en 2023, ou les manifestations en soutien au peuple palestinien récemment. Le Syndicat de la magistrature souligne :

> *Toutes ces mobilisations ont en commun d'avoir été le théâtre de nouvelles dérives importantes visant à limiter la liberté de manifester et la liberté d'expression. L'utilisation détournée de la garde à vue et des dispositifs de lutte contre le terrorisme à des fins de maintien de l'ordre et de censure de l'expression démocratique prolifère au point de menacer les équilibres démocratiques de l'État de droit.*

Et de fait, les résistant·es sont dans le collimateur des autorités, et particulièrement les activistes écologistes. Non pas tant parce qu'ils et elles cherchent à protéger biodiversité et écosystèmes, mais parce que, ce faisant, ils et elles se mettent en travers des projets du *big business* et des champions de la bétonisation. Répression contre les *écureuils*, ces militants perchés dans les arbres pour les protéger de la construction

1. Syndicat de la magistrature, *Guide du manifestant arrêté*, mise à jour 2024, Paris, Le passager clandestin, version gratuite téléchargeable sur syndicat-magistrature.fr.

de l'A69 avec le Groupement national de la protection des arbres (GNPA), répression contre les activités non violentes qui se multiplient en marge de l'AG de Total pour attirer l'attention sur les agissements climaticides et antisociaux du groupe, etc.

Michel Forst, ancien directeur d'Amnesty International France, est rapporteur spécial sur les défenseurs de l'environnement aux Nations unies. Ce poste a été créé en 2022 comme une tentative de réponse face aux menaces grandissantes contre les militant·es écologistes. Son objectif : les protéger contre toute forme de harcèlement, persécution ou pénalisation. Michel Forst assure que la répression législative, policière et judiciaire de la désobéissance civile environnementale constitue une menace majeure pour la démocratie et les droits humains. Il note :

> *La France est le pire pays d'Europe concernant la répression policière des militants environnementaux. La violence des forces de l'ordre est hors catégorie.*

Après avoir fait un panorama sur le continent européen, il observe néanmoins la même tendance partout : le pouvoir en place stigmatise et discrimine à répétition les militant·es en utilisant des termes comme « écoterroristes » ou « talibans verts ». Brandir ces qualificatifs ahurissants permet aux autorités publiques de justifier le recours à des outils et cellules spécialisées dans la lutte antiterroriste[1].

« Cette assimilation me fait peur », confie Michel Forst, qui rappelle :

> *Le droit international relatif aux droits humains considère que la désobéissance civile est protégée. Les États*

1. Michel Forst, rapporteur spécial sur les défenseurs de l'environnement aux Nations unies, entretien pour *Reporterre*, 30 mai 2024.

ont l'obligation de respecter et de protéger le droit d'avoir recours à cette forme d'expression. Les militants n'ont pas à être punis pour avoir occupé des arbres sur le chantier de l'A69 […]. Le droit les protège.

Les actions non violentes sont de plus en plus judiciarisées. Les amendes et les procès coûteux sont un autre volet de la répression, dissuasif. Mais cela va plus loin, avec une vraie stratégie de « criminaliser et dépolitiser ». Cette « logique de dépolitisation de la contestation politique » cherche à esquiver le débat en faisant passer les opposants pour des criminels, des délinquants ou carrément des terroristes. C'est ce que dénonce Vanessa Codaccioni, spécialiste de la répression[1] :

La répression des militantes et militants n'est jamais décrite comme telle. Ce ne sont jamais, à entendre les agents du champ du pouvoir ou les acteurs répressifs, des activistes qui sont pris pour cibles, mais des « casseurs », des « délinquants », des « fanatiques » ou des « terroristes ». Cet effet de langage est un déni stratégique dont l'objectif est d'invisibiliser le caractère politique de la répression d'État et de nier que ce sont pour leurs idées ou leurs actions que des militantes ou militants sont arrêtés, inculpés ou jugés.

Les criminels ne sont décidément pas ceux qui sont pointés du doigt. Parmi les vrais crimes, parlons plutôt des responsables d'*écocides*. La Convention citoyenne pour le climat réclamait déjà en 2020 de pénaliser ces atteintes irréversibles à nos écosystèmes.

1. Vanessa Codaccioni, *Répression. L'État face aux contestations politiques*, Paris, Textuel, 2019.

La criminalisation des résistant·es

En 2019, le ministre de l'Intérieur Christophe Castaner annonce la création de la cellule Demeter au sein de la gendarmerie[1]. Ce dispositif policier a été lancé sous la pression de la FNSEA, le syndicat agricole majoritaire, pour *défendre* les agriculteurs contre ce que le syndicat considère comme des attaques de dénigrement et contre les intrusions des défenseurs de l'environnement sur leurs terres. Autant dire, ne pas laisser de groupes de pression citoyenne ni d'association enquêter et encore moins dénoncer d'éventuelles pratiques abusives. Opacité, impunité, CQFD.

En 2023, nouvelle attaque contre les défenseurs des droits au sein de la République française : la tentative de dissolution des Soulèvements de la Terre. Après de violents heurts entre forces de l'ordre et militant·es opposé·es au projet des méga-bassines d'eau de Sainte-Soline (Deux-Sèvres), le ministre de l'Intérieur Gérald Darmanin accuse le collectif des Soulèvements de la Terre, organisateur de la manifestation, de recourir à la violence. Dès la fin du mois de mars 2023, la procédure de dissolution de l'association est lancée puis entérinée en conseil des ministres le 21 juin de la même année. La mobilisation de masse de la société civile, par l'intermédiaire des ONG, des artistes, des scientifiques, etc., fut immédiate, tant cette procédure ressemblait davantage à une tentative d'empêcher tout mouvement d'opposition de se faire entendre qu'à autre chose. Et ce d'autant plus que lors des échauffourées de Sainte-Soline, les témoignages de violences par les forces de l'ordre sont nombreux, appuyés par des vidéos accablantes qui circulent de

1. FNSEA, « Mise en place de la cellule Demeter : enfin une protection concrète contre les intrusions d'élevage ! », communiqué de presse du 11 juillet 2019.

façon virale sur les réseaux sociaux[1]. La décision du Conseil d'État, qui a annulé le 9 novembre 2023 la dissolution des Soulèvements de la Terre, a mis fin à cette tentative scandaleuse de mise sur la touche de ce mouvement. La plus haute juridiction administrative a tout simplement considéré que la dissolution des Soulèvements de la Terre n'était « pas une mesure adaptée et proportionnée ».

À cette occasion, *Le Monde* souligne qu'« une confirmation de la dissolution aurait eu un impact grave et immédiat sur le monde associatif dans la mesure où les Soulèvements de la Terre n'ont pas été dissous pour avoir causé directement des violences ou des dégâts, mais pour avoir "provoqué des violences visant les biens", en vertu de l'article L212-1 du code de la sécurité intérieure, réformé par la loi "séparatisme" d'août 2021. Une telle extension du domaine de la dissolution aurait pu concerner, à terme, bien d'autres acteurs, tels que Droit au logement (DAL), voire des syndicats[2] ».

Durant toute cette période de résistance face à cette décision inique de Gérald Darmanin, les Soulèvements de la Terre et leurs nombreux et nombreuses allié·es l'ont de toute façon répété : « On ne dissout pas un mouvement. »

Autre front pour Darmanin : les ZAD. Le ministre de l'Intérieur crée en septembre 2023 une « cellule anti-ZAD ». Cette équipe de juristes a pour mission de conseiller les préfets pour « prévenir la constitution de zone à défendre [...] et assurer leur démantèlement ».

Les menaces sur les ONG pour tenter de les contrôler davantage et les priver de leurs moyens d'action ou,

1. « Sainte-Soline : un reportage de *Complément d'enquête* contredit la chronologie officielle sur les violences », *Le Monde* avec AFP, 7 avril 2023.

2. Christophe Ayad, « La dissolution des Soulèvements de la Terre n'est "pas une mesure adaptée et proportionnée", selon le Conseil d'État », *Le Monde*, 9 novembre 2023

tout du moins, de limiter ces derniers, ne manquent pas non plus.

Prenons l'exemple de cet amendement que le gouvernement Macron et ses alliés (dans ce cas à droite et à l'extrême droite) à l'Assemblée nationale cherchent à faire passer sous les radars à chaque occasion[1]. Il s'agit d'une mesure qui menace de suspendre les avantages fiscaux à tout organisme faisant appel à la générosité du public au titre des dons, versements et legs lorsque ceux-ci seraient condamnés pour certaines infractions. Or il élargit la liste de ces infractions, en y ajoutant entre autres la diffamation, la provocation à la commission de délits, le fait d'occuper un terrain appartenant à autrui ou encore la dégradation de biens. Autrement dit, c'est une menace directe d'étrangler financièrement des organisations de la société civile qui se mettraient en travers de la route du système agroalimentaire et de son expansion destructrice via les médias ou des actions de désobéissance civile résolument non violentes. Car oui, sans surprise, cette idée aurait été soufflée par le lobby de l'agro-industrie.

Dans leur communiqué de presse du 17 octobre 2023, des associations environnementales, citoyennes et paysannes alertaient déjà sur cet amendement, grave violation des libertés d'association et d'expression. Faisant une nouvelle fois front uni, les organisations ont réussi à déjouer cette tentative à plusieurs reprises, notamment dans la loi de finances votée fin 2023, puis dans le texte de loi d'orientation agricole (LOA) voté à l'Assemblée nationale en mai 2024. Mais quand on ferme la porte, ils essaient de rentrer par la fenêtre. Pour preuve, cette mesure a de nouveau été incorporée dans les amendements à la

1. « Budget 2024 : un amendement pourrait "bâillonner" les associations écolos », *Reporterre*, 17 octobre 2023

loi de finances 2025 et, malheureusement, adoptée *in extremis* à deux voix près (97 pour et 95 contre) le 25 octobre 2024. La censure parlementaire du gouvernement Barnier remet tout ça dans la balance des débats sur le budget. À suivre donc et à surveiller de près, encore et encore. C'est une vraie guerre d'usure...

Et qui a tout d'une guerre quand on regarde la manière dont sont traités les défenseurs des droits humains et de l'environnement... Rappelons une réalité : les résistant·es sont le plus souvent les premières victimes de cette guerre, en aucun cas une menace – ce qui justifierait de les criminaliser. C'est en fait leur propre sécurité que les militant·es mettent en danger en s'engageant pour la défense des droits, du vivant, de l'intérêt général. Rien d'autre. À l'échelle mondiale, les chiffres font froid dans le dos : plus de 2 100 défenseurs des droits fonciers et environnementaux ont été tués entre 2012 et 2023, selon l'ONG Global Witness :

> *À l'heure où la crise climatique s'accélère, ceux qui élèvent la voix pour défendre notre planète avec courage sont confrontés à de la violence, à des mesures d'intimidation et à des meurtres*[1].

Voilà la vérité. Et avec elle cette lueur d'espoir dans ce même rapport par ailleurs accablant :

> *La brutalité de ces attaques révèle toutefois quelque chose de profond : le pouvoir exercé par ces individus ordinaires lorsqu'ils s'unissent pour la justice.*

1. Communiqué de presse et rapport de Global Witness, 10 septembre 2024.

La mâchoire du système

On semble être dans un bien triste et inquiétant cercle vicieux. Plus le système politique et économique exclut une grande part de la population et s'entête à saccager le vivant, plus une partie de cette population au pied du mur se mobilise pour défendre ses droits et protéger les écosystèmes en se mettant en travers du chemin des pelleteuses voraces qui bétonnisent et obscurcissent notre futur. Pour défendre l'intérêt général et les communs. Encore une fois, quoi de plus évident, indispensable ?

A contrario, plus les mobilisations grandissent, plus la mâchoire du système se referme avec violence, ne permettant pas, ne supportant pas d'être remis en question.

C'est aussi pour cela qu'Anne-Laure Delatte nous dit que le néolibéralisme n'aime pas la démocratie[1]. Quand elle dit comme on l'a vu plus haut que le néolibéralisme veut bien d'un État, et considère la démocratie comme le régime politique le plus compatible avec la logique – je devrais dire l'idéologie – de marché, c'est à condition que l'action publique soit « au service des entreprises plus que des citoyens », elle ajoute à propos de cette doctrine :

> *Une bonne démocratie est une démocratie « contrainte » dans laquelle les citoyen·nes n'ont pas trop le pouvoir de changer les choses. Le régime démocratique est souhaitable seulement s'il soutient les principes économiques néolibéraux.*

Bienvenue dans un régime autoritaire qui ne dit pas son nom, basé sur les « principes de pratique

1. Anne-Laure Delatte, *op. cit.*

démocratique énoncés par les pères fondateurs du néolibéralisme : gouverner avec des experts, circonscrire le débat afin de limiter la capacité citoyenne à changer l'agenda préétabli et marteler le même diagnostic afin de fabriquer le consentement ». C'est tellement ce à quoi on assiste tous les jours... Mais cela explique surtout le régime de répression et les méthodes employées décrites ci-dessus. Clairement, cela relève plus de régimes autocratiques que d'une démocratie en bonne santé.

Un régime prêt à tout pour maintenir son pouvoir et ses privilèges. Ce qui passe par la nécessité de maintenir le *statu quo*, coûte que coûte. Quand on a compris cela, on est moins surpris·es de voir que, pendant que l'État criminalise celles et ceux qui militent pour une transition vers un système agricole et alimentaire plus juste et plus durable, les forces de l'ordre se montrent particulièrement conciliantes à l'égard des manifestations des agriculteurs à l'initiative de la FNSEA alors qu'ils bloquent les routes à grand renfort de convois de tracteurs et que certains groupes n'ont pas hésité à dégrader des bâtiments publics, y compris l'Office français de la biodiversité (OBV), jusqu'à monter un mur de parpaings fin novembre 2024 devant l'entrée de l'Institut national de la recherche pour l'agriculture, l'alimentation et l'environnement (INRAe)... Deux poids, deux mesures ! On est moins surpris·es, mais pas moins choqué·es pour autant...

*

Voilà où nous en sommes. Je n'ai pas l'habitude d'être dans l'exagération, ni de dépeindre des tableaux trop négatifs, et encore moins de jouer sur les peurs – ça, c'est plutôt les méthodes du camp d'en face –, mais il faut bien avouer que ce système est intolérable. Non seulement il est injuste et violent, mais, contrairement à ce qu'on veut nous faire croire, il est totalement injustifié. Injustifiable. Donc d'autant plus inacceptable.

Ça suffit. Trop, c'est trop. Alors maintenant, on fait quoi ?

TROISIÈME PARTIE

Faire de notre colère le moteur de nos résistances

L'indignation doit se chercher sa vraie voie, aboutir à un véritable engagement. Qu'elle reste à l'état de refus et elle s'étiole, devient colère, grincement de dents.

Stéphane Hessel[1]

1. Stéphane Hessel, *Tous comptes faits... ou presque,* Paris, Pocket, 2012, publié suite à son livre à succès *Indignez-vous.*

Unir les luttes

Je vous l'avais annoncé dès l'introduction, j'ai choisi de m'intéresser particulièrement à l'alimentation parce que c'est un fil rouge, un fil conducteur ; une des forces du droit à une alimentation digne, de qualité pour toutes et tous est qu'il se trouve à l'intersection des enjeux sociaux, économiques et environnementaux. Il est vital, au cœur de la vie quotidienne. « L'alimentation est bien plus qu'un ventre à remplir [...] car elle est le siège de puissants enjeux identitaires, sociaux et culturels », renchérit Magali[1]. Les injustices du système alimentaire qui impose ses règles, crée de la précarité et saccage le vivant illustrent tristement les inégalités et les violences qui traversent toute la société.

Ce carcan politico-économique, que j'ai décrit dans les deux premières parties de ce livre, où tout, même les biens communs, semble considéré comme une vulgaire marchandise, domine et isole. Marketing et publicités forcenées cherchent à nous cantonner dans un moule individualiste et consumériste. À nous faire croire que nous devons avaler tout cru ce modèle qui écrase, fabrique les peurs, creuse les inégalités. Complices redoutables de ce raz-de-marée, beaucoup (trop) de médias, de plus en plus concentrés aux

1. Entretien avec Magali Ramel, *op. cit.*

mains de milliardaires mégalomanes, façonnent cette société de domination privatisée.

Un système verrouillé par une minorité qui se raconte que ses privilèges lui donnent raison et lui octroient la légitimité d'opprimer le reste de la population en toute impunité.

Un système dans lequel la seule chose qui « ruisselle » est le sentiment d'injustice – pas les bénéfices des « premiers de cordée » comme le promet la religion néolibérale.

Un système qui laisse tant de gens se sentir inconsidérés, citoyen·nes de seconde zone, frappé·es par l'impuissance à sortir de cette sourde oppression.

Cela paraît être une fatalité. On a beau être en colère face à l'intolérable, vouloir crier qu'on souhaite être enfin un peu écouté·e, que les politiques doivent changer et améliorer la vie des gens, on se sent bien souvent démuni·e. Combien de fois ai-je entendu « Je ne peux rien y faire », « C'est comme ça », « On ne peut rien y changer »... Je comprends ce sentiment, il m'arrive aussi d'être découragée. Mais c'est justement la stratégie de ceux qui ont intérêt au *statu quo*.

Alors levons-nous. La société, les politiques sont en mouvement permanent. Nous aussi, nous pouvons l'être, nous devons l'être. Debout sur la vague de nos résistances et de nos espoirs, les yeux rivés vers nos futurs désirables. En surf, une des premières règles quand on se lève sur sa planche, pour ne pas tomber, est de ne pas regarder ses pieds, mais de fixer l'horizon, au loin. Quand on pose le regard dans la direction où on veut aller, la tête et le corps suivent, portés par l'énergie de la vague qui déferle.

Dans cette troisième partie, c'est sur cette vague que je vous embarque avec moi avec pour horizon les mille et une façons de résister à ce système révoltant et de se mobiliser pour faire société autrement.

Pour recréer du lien, changer les règles pour que la majorité des citoyen·nes vive dignement, joyeusement même chaque fois que possible, et en harmonie avec notre environnement. Et comme tout commence dans l'assiette, je reviendrai par le fil rouge de l'alimentation, de la sécurité et de la souveraineté alimentaire, à travers des expériences locales, à taille humaine, qui rebattent les cartes de la mixité sociale, de la richesse de l'intelligence collective et apportent autant de solidarité que d'espoir. Cet espoir, qui dépasse le champ de l'alimentation puisque tout est lié, accompagnera le dernier chapitre, passage en revue d'un large champ des possibles, d'exemples, de mille et une façons d'agir.

Mais avant d'en arriver là, je dois faire un détour pour clarifier quelques points souvent mal compris, mal interprétés, comme la question des droits et des liens qui les unissent. Cette « intersectionnalité » des droits, et des discriminations qui vont avec, est centrale pour nous permettre de nous mobiliser ensemble, chacun·e à sa façon, mais dans une direction commune. Un détour utile pour éviter quelques pièges aussi. À commencer par les mauvais conseils que peut dicter la colère, comme le risque de repli sur soi et même de rejet des autres. Face aux violences de ce système, de ces injustices et au sentiment d'être « laissé-pour-compte », qui n'a pas eu cette tentation ? Dans le contexte actuel, qui divise, qui renvoie trop de gens dos à dos, qui cherche des boucs émissaires au déclassement social et voit l'extrême droite aux portes du pouvoir, on ne peut cacher ce risque sous le tapis. Il est essentiel d'en parler, de s'écouter, de déconstruire pour reconstruire. Ensemble. Pour mieux essayer de l'écarter et diriger notre colère vers une mobilisation pleine d'espoir.

Droits, intersectionnalité : de quoi parle-t-on ?

Je parle beaucoup des *droits fondamentaux*. Il y a une raison simple : ils sont la boussole avec laquelle je regarde le monde. D'ailleurs, ils sont universels. Sans eux, pas de justice sociale, pas d'espoir d'égalité, pas de recours à un socle commun. Ils sont indispensables à chacune et chacun. Et ils sont tous interdépendants.

Quand on voit par exemple que près de deux tiers des personnes qui recourent à l'aide alimentaire en France sont des femmes[1] et que, avec elles, nombre d'enfants sont touchés, il est clair que le droit à une alimentation digne et de qualité pour les groupes les plus vulnérables est intimement lié à tous les autres droits sociaux, économiques, d'égalité. C'est pour cela que le droit à l'alimentation est de fait couvert par la Déclaration universelle des droits de l'homme (et de la femme donc…) de 1848, le Pacte international relatif aux droits économiques, sociaux et culturels (1966) et le Pacte international des droits civils et politiques (1976), mais aussi par des conventions internationales vouées à protéger les droits des minorités et des groupes les plus vulnérables comme la Convention sur l'élimination de toutes les formes de discrimination à l'égard des femmes (1979), les Conventions relatives aux droits des enfants (1989), des réfugiés (1951, dite convention de Genève), et des personnes handicapées (2006). La prochaine étape sera d'obtenir que ce droit à l'alimentation soit *de facto* intégré à la Constitution française et dans les traités européens, mais en tout état de cause, il est déjà inscrit dans le droit international.

1. Solène Cordier, « Femmes et retraités sont nombreux à recourir aux aides alimentaires – Une étude des banques alimentaires détaille le profil des bénéficiaires », *Le Monde*, 13 mars 2019.

Plus largement, tous les textes de nos libertés et droits fondamentaux[1] montrent qu'ils sont liés. Ainsi, à travers les droits « de l'homme » ou droits *humains,* inscrits dans la Déclaration de 1789, celle des Droits de l'homme de 1948 et la Charte des droits fondamentaux de l'Union européenne depuis 2000, le principe d'égalité est censé se matérialiser dans l'égalité des sexes, mais aussi l'égalité devant la loi, l'impôt, la justice, l'accès à la culture… Le principe de liberté, lui, se décline en liberté d'opinion, d'expression, de réunion, de culte, la liberté syndicale, le droit de grève… L'article 1er de la Déclaration de 1948 est on ne peut plus clair :

> *Tous les êtres humains naissent libres et égaux en dignité et en droit. Ils sont doués de raison et de conscience, et ils doivent agir les uns envers les autres dans un esprit de fraternité.*

Une autre catégorie de droits, tout aussi importants, correspond aux droits sociaux et économiques, protégés dans le préambule de la Constitution de 1946 et, là encore, la Charte des droits fondamentaux de l'Union : droit à l'emploi, à la protection de la santé, à la gratuité de l'enseignement public, etc. Ils sont complétés des droits qu'on appelle « de troisième génération ». Le site officiel du gouvernement vie-publique.fr rappelle par exemple le droit de chacun·e à « vivre dans un environnement équilibré et respectueux de la santé » (art. 1er) dans la Charte de l'environnement, qui consacre la notion de développement durable (art. 6) et le principe de précaution (art. 7).

Partant de ces textes, le respect de ces droits paraît évident et devrait être simple. Et pourtant,

---

1. Références du site gouvernemental vie-publique.fr

malheureusement, on en est loin… Le décryptage du système agroalimentaire et de ses dérives a mis en lumière à quel point il les broyait. Le droit à l'alimentation, le principe de précaution, la notion de développement durable ? Balayés du revers de la main par le rouleau compresseur de la logique de marché néolibérale et le poids des lobbies qui n'ont que faire de l'intérêt général. Et qui créent de toutes pièces de la précarité alimentaire. Des précarités même, puisque tout est lié : alimentation, santé, logement…

Dans le tsunami du système actuel qui renverse tout sur son passage, pas de quartier : que l'on soit en situation d'insécurité économique, que l'on vive dans des territoires où on se sent délaissé·e, que l'on soit une femme, que l'on soit noir·e, marron, vert·e ou bleu·e – c'est-à-dire tout sauf blanc·he –, que l'on soit vieux ou vieille, que l'on soit gros·se, qu'on ait le moindre handicap – visible ou invisible –, qu'on se reconnaisse dans une des lettres LGBTI+ (lesbienne, gay, bisexuel·le, transgenre, intersexe)[1], on subit la même chose, quasiment quotidiennement, dans tous les cas beaucoup trop souvent : mépris, préjugés et violences. C'est fou, mais bien réel. Qui d'entre nous ne l'a jamais vécu ?

Ce qui saute aux yeux, ce sont là encore les liens, les similitudes, entre les discriminations subies par tant de groupes différents. Tous les droits sont liés. Toutes les discriminations qui les bafouent aussi. La marginalisation des pauvres, des minorités, les violences racistes, sexistes, sexuelles, homophobes, grossophobes, validistes, âgistes… sont les facettes d'un même système. Pourquoi ? Parce qu'ils et elles sont simplement différent·es ? C'est en effet certainement une des causes : la trop connue peur de l'inconnu et

1. https://www.amnesty.fr/focus/lgbti.

la trop facile politique du bouc émissaire. Mais c'est surtout parce que cela participe d'un système qui se construit sur des rapports de domination, donc d'écrasement des autres. La domination de certains groupes sur d'autres groupes – comme les hommes sur les femmes dans notre société toujours très patriarcale et beaucoup trop violente (ne citons qu'un seul chiffre : le nombre de femmes victimes de viols, tentatives de viol et/ou agressions sexuelles est estimé par an à 217 000 en France[1]). Mais aussi la domination du système ultracapitaliste et de sa logique de compétition et de prédation. D'ailleurs, si on revient à la définition du capitalisme, vue dans le Larousse, il s'agit bien d'un « système de production dont les fondements sont l'entreprise privée et la liberté du marché ». Le dictionnaire précise même :

> *Le capitalisme est à la fois un système économique, mais aussi un type d'organisation sociale. C'est aujourd'hui le système économique dominant dans le monde, qui est à l'origine du phénomène de mondialisation.*

L'ordre de priorités est donc clair : notre organisation sociale est basée sur ce système économique fait pour servir les intérêts d'entreprises privées et l'économie de marché. *Servir* ces intérêts quitte à *asservir* le reste de la population et de la société ? Rappelons-nous que l'objectif de l'idéologie néolibérale n'est pas l'égalité, encore moins l'équité, mais de mettre l'État et les moyens publics au service du marché et de ses acteurs privés. Et la prédation ne s'arrête pas là : prédation des ressources naturelles – avec toutes les violations de droits humains et les désastres

1. Information disponible sur le site officiel arretonslesviolences.gouv.fr, présentée comme une « estimation basse ». Source : Enquête « Vécu et Ressenti en matière de Sécurité », SSMSI, 2022.

environnementaux qui vont avec, par exemple dans les cas de déforestation en Amazonie ou dans le Bassin du Congo, que je connais bien, ou encore en Asie du Sud-Est, ou dans les cas d'extraction minière – et le dossier emblématique de la mine d'or en Guyane –, d'extraction d'énergies fossiles, mais aussi les cas d'accaparement de terres ; prédation des ressources humaines, avec la mainmise sur la capacité de travail des citoyen·nes, nécessaire pour faire tourner la machine (à sous) à condition qu'elle ne soit pas trop chère pour être rentable, mais aussi en tant que consommateurs et consommatrices, pour alimenter le puits sans fond de cette même machine, comme des cobayes condamnés à faire tourner indéfiniment la roue des profits.

Pour casser ce combo où prédation et domination se renforcent mutuellement, pour résister aux oppressions de ce système et pouvoir faire changer les choses, ouvrons grand les yeux : la question des droits fondamentaux est remisée au second rang comme si cela allait de soi. Comme si ça pouvait passer. Montrons qu'on le voit, qu'on n'est pas passifs et passives, qu'on ne va pas laisser faire. Quel que soit notre lieu de vie, notre genre, notre couleur de peau, notre culture, notre taille, nos revenus, il est indispensable d'être en alerte, de bien observer, d'être bien conscient·es de ce qui se passe autour de nous, dans nos vies, dans notre société. De rester en veille et en éveil. En un mot, d'être *woke*. Oui, vous avez bien lu : *woke*. Car il y a un grand malentendu autour de ce mot… Il vient en fait littéralement de l'anglais *awake*, qui veut dire « réveillé·e ». Ce fameux *wokisme,* décrié par certains comme une idéologie dangereuse de *bobos fous radicaux* n'est en fait ni plus ni moins que la volonté de défendre les droits humains les plus fondamentaux. Qui peut être contre ça ? Plutôt une bonne intention, il me semble… C'est pourquoi je n'ai jamais compris qu'il y ait autant de controverse sur ce mot et ce qu'il représente. Sauf bien sûr si on le regarde du point de vue de ceux qui agitent le *wokisme* comme un épouvantail pour en faire, une fois de plus, une stratégie de diversion afin de maintenir leur système de domination en place. S'il y a une chose à dédiaboliser, c'est bien ce mot, *wokisme*. Il est temps de remettre les droits fondamentaux à la place centrale qui doit être la leur. D'en refaire notre boussole. Et de mettre un point à cette vague de désinformation qui, une fois de plus, fait gonfler artificiellement des peurs infondées pour diviser.

Mais comment faire entendre notre voix ? C'est loin d'être évident dans le contexte politique actuel, si chaotique, décourageant. Rassurez-vous, beaucoup de voies s'offrent à nous, sur lesquelles je reviendrai largement dans les prochains chapitres. Mais commençons ici par un pas de côté sur un sujet qui revient souvent et qui a, malheureusement, tendance à alimenter le risque de repli sur soi : la question de l'utilité de voter ou non et l'amère déception que les propositions citoyennes, des cahiers de doléances aux récentes conventions citoyennes et leurs débats vraiment démocratiques, aient été jusque-là largement ignorées.

Votes et consultations citoyennes : nécessaire mais pas suffisant

Parmi les mille et une façons possibles d'agir pour faire évoluer les choses, l'une des actions centrales est bien sûr de voter. Mais cela n'est pas évident pour tout le monde, car il y a parfois ce sentiment déjà évoqué de : « Ça n'est pas pour moi. » Trop de gens à qui le système cherche à faire croire qu'il s'agit de problèmes d'experts, que les *simples* citoyen·nes n'ont pas leur mot à dire, pas de rôle, pas de pouvoir. Le fatalisme accompagne souvent ce sentiment d'impuissance, « ma voix ne compte pas ». Et ce « de toute façon ça ne sert à rien » a été ravivé après les élections législatives précipitées du début de l'été 2024. La mobilisation a été impressionnante face à l'urgence juste après la dissolution de l'Assemblée nationale. Le nombre de citoyen·nes qui sont effectivement allé·es voter à ces élections a dépassé toutes les attentes. Leurs votes ont détrompé les pronostics qui anticipaient une majorité de parlementaires élu·es de l'extrême droite.

Puis, face au coup de force antidémocratique de la nomination de Barnier, nombreuses sont les personnes qui ont pensé plus que jamais : « Voter ne sert à rien. » Or nous autocensurer du pouvoir de notre droit de vote est bien au contraire, me semble-t-il, le cadeau qu'il ne faut pas faire à ceux qui ont pour stratégie de nous faire taire. Saisissons-nous de ce pouvoir. Parce que ce droit a été gagné de haute lutte – surtout pour le droit de vote des femmes, obtenu seulement en 1944 en France –, parce que des millions de personnes dans d'autres pays rêveraient de l'avoir. Mais aussi parce que oui, chaque voix compte, *votre* voix compte. Le renversement de pronostic aux élections législatives de juillet 2024 l'a justement montré. La mobilisation exceptionnelle a pesé sur les résultats, parfois à quelques voix près dans certaines circonscriptions. Chaque député·e à l'Assemblée nationale que vous avez élu·e a le mandat et la possibilité de défendre les idées et les lois et amendements que vous défendez. Si certain·es de ces responsables ne sont pas à la hauteur ou trahissent, et même quand le président de la République lui-même ne tient pas parole, cela ne remet pas en question l'importance de votre vote et encore moins de votre voix. Cela les remet en question, eux.

C'est en nous exprimant que nous continuerons à leur dire haut et fort ce que nous exigeons, et à les tenir comptables, redevables de leurs (in)actions. Pas en faisant la politique de la chaise vide et en les laissant décider à notre place parce qu'on abandonne.

De plus, il est très important que les citoyen·nes votent dans leur diversité, justement pour faire voir et faire valoir les besoins des populations sous-représentées sur les sièges de l'Assemblée nationale. Aminata Dembélé, experte en mobilisation citoyenne, insiste dans son guide *Voter, est-ce encore utile ?*[1] :

> *Comme les populations issues de milieux populaires et les jeunes votent moins, leurs préoccupations ne sont plus prises en compte par les élus qui préfèrent favoriser les électeurs susceptibles d'assurer leur réélection.*

Dans notre système de démocratie représentative actuelle, voter pour choisir qui nous représente dans les institutions me paraît primordial. Le vote n'est qu'un outil, il ne va pas tout résoudre à lui seul, mais, comme conclut Aminata Dembélé :

> *En ces temps troublés, bien que le vote soit imparfait, il reste un outil puissant pour impulser les changements nécessaires.*

Bien sûr, en parallèle, il faudra faire évoluer notre système démocratique et électoral. C'est une demande récurrente des divers mouvements sociaux, qui appellent à explorer d'autres voies, plus inclusives, plus participatives, comme la démocratie directe, quand les citoyen·nes peuvent voter sur des sujets

1. Aminata Dembélé, *Voter, est-ce encore utile ?*, ALT, juin 2024.

qu'ils choisissent – méthode utilisée en Suisse – ou avec des référendums d'initiative citoyenne (RIC), notamment plébiscités par les Gilets jaunes, ou encore la démocratie participative avec consultation des citoyen·nes sans pouvoir de décision, les conventions citoyennes, etc. Encore faut-il les utiliser à bon escient, pour vraiment remodeler notre système démocratique, et pas pour manipuler les gens et mettre de l'huile sur le feu, comme cela a été trop souvent le cas ces dernières années. Revenons sur quelques exemples tristement emblématiques.

Pour tenter de désamorcer la crise des Gilets jaunes, le président Macron lance le *grand débat national*, qui se déroule de décembre 2018 à mars 2019. Cette consultation propose de faire remonter les souhaits des Français·es autour de quatre grands thèmes : transition écologique, fiscalité, services publics et débat démocratique. À la même période, en pleine crise, sont lancés les cahiers de doléances à travers tout le pays. Au compteur de cet élan de démocratie participative : plus de 2 millions de contributions, plus de 19 000 cahiers citoyens ouverts dans les communes, des comptes rendus de travaux issus de plus de 10 000 réunions locales. Quel engouement et que de matière pour réformer notre société !

Sauf que… Emmanuel Macron n'a donné suite à quasiment aucune des propositions issues de ces consultations. Les cahiers de doléances n'ont même pas été publiés. Quel nouveau sentiment de mépris, de voir que le pouvoir a mis dans un tiroir les milliers de revendications exprimées. « Les centaines de milliers de contributions recueillies en 2019 ne sont pas accessibles aux citoyens », regrette un collectif d'élu·es et d'acteurs et actrices locaux dans une tribune publiée dans *Le Monde* en avril 2024. Au nom de la transparence, le collectif demande à l'État de financer la création d'un espace numérique accessible publiquement[1] :

> *C'est tout un peuple qui s'exprime là : on y trouve des propositions sur la démocratie, la santé, les dépenses publiques, la transition écologique, mais aussi l'exigence d'en finir avec l'inégalité des salaires, l'aspiration à une fiscalité juste, des appels sensibles et censés à des services publics qui redeviennent les garants de l'égalité et de la justice, des récits de vie poignants, des cris de détresse… C'est le témoignage d'un territoire vécu qu'il est urgent d'entendre sans attendre, puisque, d'une certaine manière, il constitue un programme politique idéal pour les Français.*

Et il conclut :

> *Garantir l'accessibilité à ces milliers de contributions, c'est les reconnaître à leur juste valeur. C'est rendre sa dignité à la parole citoyenne.*

Malheureusement, cela n'est toujours pas le cas. Et le sentiment de mépris ne s'est pas arrêté là : Emmanuel Macron a infligé une nouvelle désillusion lors des consultations citoyennes avec la Convention citoyenne sur le climat, quelques mois après. D'octobre 2019 à juin 2020, 150 citoyen·nes tiré·es au sort ont auditionné des expert·es, planché, débattu et présenté 150 mesures pour une juste transition écologique, porté·es par la promesse du président d'avril 2019 : « Ce qui sortira de cette Convention, je m'y engage, sera soumis sans filtre soit au vote du Parlement, soit à référendum, soit à application réglementaire directe. » Las, si cet exercice démocratique

1. Tribune « Nous plaidons pour la mise en ligne des cahiers de doléances du grand débat sur une plate-forme nationale », *Le Monde*, 15 avril 2024.

inédit était un succès en soi et en inspirera certainement beaucoup d'autres, la loi Climat promulguée en août 2021 a écarté la plupart des propositions issues de cette Convention.

Qu'est-ce qui est pire que de ne pas écouter ? Faire semblant d'écouter et ne rien entendre. C'est malheureusement ce qui s'est produit ces dernières années avec ces exemples de mépris des résultats d'expériences réussies de démocratie délibérative et participative. Et avec eux autant d'amertume et de ressentiment dans une grande part de la population qui se sent plus déclassée, délaissée que jamais.

Ce ressentiment était déjà au cœur du mouvement des Gilets jaunes. Et si cet élan de contestation s'est essoufflé en 2019, face à une forte répression policière, puis a été mis en pause avec les confinements liés à la crise sanitaire Covid de 2020, les causes du mécontentement sont bel et bien toujours là et continuent à s'exprimer. Soit dans la poursuite de mobilisations sociales comme le mouvement contre le projet de réforme des retraites en 2023 – là encore pas du tout respecté par le gouvernement, qui a fini par imposer son projet à coup de 49.3 à l'Assemblée nationale. Soit par d'autres formes d'expression contestataire, comme la tentation de repli sur soi et de l'extrême droite. Une vraie bombe à retardement qu'il nous faut urgemment désamorcer…

Dépasser la tentation du repli sur soi et du rejet des autres : le dangereux leurre de l'extrême droite

Je vous avoue que je me suis posé la question : faut-il parler dans ce livre de la montée de l'extrême droite, celle, débridée, que l'on voit dans les médias, mais aussi la montée dans les urnes ? Aborder de front ce sujet clivant, qui fait peur, qu'on comprend mal, qui le plus souvent donne lieu à tous les raccourcis et tous les préjugés, dans un sens comme dans l'autre, qui fait fuser les « idiots de racistes » d'un côté et les « bobos » perçus comme hors-sol et arrogants de l'autre, dans une incompréhension sourde ? Je crois qu'il serait aussi lâche qu'hypocrite de ne pas le faire. Comment prétendre essayer d'être utile à une mobilisation salutaire vers une société plus juste et plus durable et mettre ce sujet, ces tensions sous le tapis ? Lire ce qu'écrivait Claude Alphandéry, héros de la Résistance et économiste engagé, avant de mourir, en mars 2024 à l'âge de 101 ans, a fini de m'en convaincre :

> *Aujourd'hui, alors qu'hospitalisé mes forces déclinent, je viens vous demander de prendre l'engagement de tout faire partout où vous êtes, avec les moyens qui sont les vôtres pour empêcher une nouvelle nuit noire de l'humanité. Agissez comme si vous ne pouviez pas échouer*[1].

Je partage donc ici simplement quelques éléments de réflexion. Là aussi, tout reste à faire… À commencer par dénoncer la fabrique du doute que les élites du Rassemblement national tentent d'opérer, à la façon classique des lobbies, en se faisant passer pour *antisystème* et alliés du peuple, alors que les politiques de l'extrême droite sont en fait largement antisociales. Il n'y a qu'à regarder leurs votes, ce que nous ferons plus loin dans ce chapitre, pour se rendre compte que les représentants de l'extrême droite sont les premiers à défendre ce système néolibéral qui écrase tant de gens.

1. Tribune de Claude Alphandéry, *Le Nouvel Obs*, 4 mars 2024.

Commençons par revenir un moment sur le contexte des récentes élections législatives. Juste après la dissolution de l'Assemblée nationale en juin 2024, alors que l'extrême droite venait de remporter un nombre de sièges historique aux élections européennes et que ses dirigeants promettaient la victoire aux élections législatives, les actes de violence racistes, sexistes, homophobes, transphobes, etc., se sont multipliés. Cette escalade d'agressions a été relayée dans les médias, mais je l'ai aussi largement entendue dans mon entourage direct. En tant que femme, et en tant que lesbienne. Si souvent ciblées. Mais ça ne s'arrête pas là. Quand un très bon ami, noir, m'a dit lui-même que les voisins de sa cousine, noire elle aussi, se « lâchaient » et faisaient des bruits de singe pour l'humilier, mes tripes se sont tordues. Littéralement. Cela fait partie de ces choses, on a beau savoir qu'elles existent, quand on les rencontre dans la réalité, on n'en revient pas. J'étais choquée. En colère.

Choquée de ces actes violents, haineux.

Choquée qu'ils s'expriment au grand jour, comme si une boîte de Pandore de ces discriminations s'était ouverte dans un climat de *tout est permis*. Rappelons au passage que la loi interdit et sanctionne le racisme (propos injurieux, comportements discriminatoires, violences physiques…), et ça n'est pas pour rien.

Choquée, triste et inquiète que tant de bulletins de vote se replient vers le Rassemblement national, un parti d'extrême droite[1]. Il faut dire que les communicants du parti créé par Jean-Marie Le Pen se sont donné du mal pour dédiaboliser son image. Jordan

1. En 2020, le Rassemblement national fait une requête au secrétariat du contentieux du Conseil d'État pour demander l'annulation du rattachement du Rassemblement national au bloc de clivages extrême droite. Le Conseil d'État répond : « En l'état de l'instruction, aucun de ces moyens n'est de nature à créer un doute sérieux », et conclut : « La requête présentée par le Rassemblement national est rejetée. »

Bardella et Marine Le Pen se baladent avec leurs sourires enjôleurs qui se veulent rassurants, cherchant à faire croire que le Rassemblement national serait une alternative *antisystème*, soi-disant le sauveur, allons-y carrément, de celles et ceux que les dominant·es n'écoutent pas. Vraiment ? La réalité est toute autre[1].

Pour commencer, soyons clairs, on parle d'un parti autoritariste, réputé violent, qui véhicule racisme, antisémitisme et xénophobie, conteste les principes démocratiques et républicains. Vincent Edin, journaliste indépendant, s'adresse à celles et ceux qui « se trompent de colère » dans son livre *En finir avec les idées fausses propagées par l'extrême droite*[2]. Il y démontre « rationnellement, factuellement, chiffres et exemples à l'appui, que l'extrême droite n'agite que des fausses peurs, désigne des boucs émissaires qui ne sont pas responsables de nos malheurs, et ne propose que des sophismes en guise de solution ». Salomé Saqué a elle aussi rassemblé informations solides et références dans son ouvrage *Résister*, afin de « documenter l'histoire, le programme et l'action de l'extrême droite, qui en dépit de ses affirmations n'est pas juste un courant politique comme les autres. Expliquer comment elle mène une bataille culturelle redoutable, et pourquoi ses idées qui infusent dans la sphère publique sont incompatibles avec les valeurs républicaines[3] ».

Et, surtout, quand on regarde concrètement le sens des votes des élu·es du RN ces dernières années, on voit clairement plus une liste de mesures antisociales qu'antisystèmes… En juin 2022, 89 député·es du RN faisaient leur entrée à l'Assemblée nationale. Est-ce

1. Je recommande vivement la vidéo de Salomé Saqué pour Blast : « RN : Parti des pauvres et des travailleurs ? Décryptage d'un mensonge », avril 2024.
2. Paris, L'Atelier, 2023.
3. Salomé Saqué, *Résister*, Paris, Payot, 2024.

que ces élu·es ont profité de leur rôle pour défendre les classes populaires et l'intérêt général, comme les représentant·es du RN le prétendent ? Leurs votes prouvent le contraire : en 2022, les député·es RN ont voté contre l'augmentation du salaire minimum à 1 500 euros mensuels net, se sont abstenus sur la proposition de rétablir l'impôt de solidarité sur la fortune (ISF), mais au contraire ont soutenu la loi sur le logement qui facilite les expulsions des locataires en cas de loyers impayés[1]. Quant à la protection de la santé pour toutes et tous et aux questions alimentaires et agricoles, les exemples ne sont pas meilleurs[2]. Début 2023, les député·es RN se sont opposé·es en France à un article établissant l'interdiction des charcuteries contenant des additifs nitrités cancérogènes, dans le cadre des débats sur la loi « Mieux manger en soutenant les Français face à l'inflation et en favorisant l'accès à une alimentation saine ». Au printemps 2024, ils ont soutenu l'exclusion des ustensiles de cuisine de la loi qui interdit enfin l'utilisation de Pfas, ces polluants éternels dans plusieurs secteurs – soutenant donc l'entreprise Tefal au détriment de la santé des Français·es. Ils ont également voté contre un amendement qui visait à fixer les objectifs de surface en agriculture biologique en 2030 à 21 % lors de l'examen du projet de loi d'orientation agricole. Et cela n'est pas mieux au niveau du Parlement européen : les eurodéputé·es du RN ont refusé par exemple une proposition de loi visant à réduire l'usage des pesticides les plus dangereux avec des objectifs de réduction de 65 % d'ici 2030, lors d'un débat sur la réglementation visant

1. Ambre Bertocchi, « Anti-social, anti-écolo, anti-féministe, peu assidu, le bilan peu reluisant du RN à l'Assemblée nationale », *Le Nouvel Obs*, 28 juin 2024.

2. Informations et sources disponibles dans l'article « Législatives : Votes, amendements en lien avec l'alimentation, et menace sur notre liberté d'association » du 27 juin 2024 sur le site foodwatch.fr.

à réduire de 50 % l'usage de tous les pesticides pour tous les pays de l'UE.

Les dirigeant·es d'extrême droite, pour imposer leurs politiques, veulent en fait limiter le rôle des syndicats, restreindre l'État de droit et limiter les libertés individuelles, le tout dans la continuité de la politique néolibérale qui fait la part belle aux privilégié·es et non pas au reste de la population... contrairement à ce qu'ils prétendent. L'économiste Anne-Laure Delatte le confirme[1] :

> *Le bloc à l'extrême droite est animé également par une idéologie néolibérale, mais à tendance autoritaire. Comme sous la présidence de Trump, la plateforme des partis d'extrême droite navigue entre mesures fiscales ultra-favorables aux entreprises, protectionnisme commercial, et racisme et sexisme d'État.*

Enfin, dernier pas de côté pour compléter le tableau de ce chapitre et tenter d'éviter les angles morts : préférer croire que la majorité des personnes qui ont voté pour un parti d'extrême droite ne l'ont fait *que* pour exprimer leur colère et leur détresse face à des problèmes avant tout économiques serait incomplet, voire simpliste. C'est ce qu'explique Félicien Faury, sociologue qui a enquêté auprès d'électeurs et d'électrices du RN dans le sud-est de la France pendant plusieurs années. Arrêtons-nous un moment sur son analyse, car pour pouvoir nous mobiliser vers une société avec plus de justice économique, sociale et environnementale, ce qui est l'ambition de ce livre, il est nécessaire que nous tentions de mieux comprendre les mécanismes à l'œuvre.

Selon Faury, nous sommes en fait dans une sorte de cercle vicieux dangereux, coincé·es entre les

1. Anne-Laure Delatte, *op. cit.*

mâchoires du système néolibéral et d'un racisme systémique ravivé pas les inégalités grandissantes, les deux œuvrant au bénéfice de l'extrême droite[1] :

> *Cette enquête fait apparaître à quel point les logiques de mise en concurrence des ressources communes viennent encourager les processus de racialisation, et réciproquement. La remise en cause progressive de l'universalité des droits sociaux, l'opacité et la fragmentation des principes de redistribution, la dégradation des services publics et leur mise en compétition ont pour conséquence d'attiser le racisme. Inversement, le racisme a pour effet, par infiltration, de creuser encore davantage les failles d'un État social craquelé.*

Il explique que les personnes interrogées, considérant « donner beaucoup » dans un système fiscal jugé injuste sans avoir « droit à rien » en retour, portent leur colère « prioritairement sur ces groupes subalternes doublement stigmatisés, ayant contre eux d'être à la fois “assistés” et “immigrés”, perçus et jugés comme des concurrents illégitimes ». Ils se persuadent donc que les groupes ethnoracisés seraient privilégiés sur l'octroi des aides sociales et des logements sociaux, au détriment des *Blancs*. Rétablir une forme de « préférence nationale » serait donc tout simplement une façon de lutter contre cette injustice. C'est du « bon sens », non ? Il faut dire que dirigeants du RN et médias populistes nous bassinent avec ce refrain de *l'assisté profiteur*. Pour les groupes stigmatisés, c'est la double peine. Car loin d'être *privilégiés,* Faury rappelle que les sciences sociales ont démontré que les « publics minoritaires » sont en fait discriminés dans l'attribution d'aides sociales : ils sont les premières

1. Félicien Faury, *Des électeurs ordinaires. Enquête sur la normalisation de l'extrême droite*, Paris, Seuil, 2024.

victimes du système. Or les voici discriminés une seconde fois en étant jugés profiteurs illégitimes.

Pourquoi les électeurs et électrices interrogé·es ne retournent pas plutôt leur colère contre les vrais fraudeurs fiscaux, les riches, dont on estime l'évasion fiscale à plus de 80 milliards d'euros par an en France et autant de trous dans les caisses publiques ? Parce que retourner leur ressentiment à l'encontre des « mauvais pauvres » leur permet de se différencier de cette catégorie, avec l'espoir d'être plutôt reconnus dans la majorité dominante. Une attitude beaucoup moins antisystème là aussi que ce que l'on entend souvent dire des votes d'extrême droite. Face à la crainte du déclassement, une partie de la population tente, en votant à l'extrême droite, de faire partie des privilégiés. Mais ils se trompent de combat par là même… :

> *Situés au seuil d'un ordre social et racial dont ils estiment et espèrent encore tirer avantage, ils s'en font les premiers gardiens. Défendre la norme, pour y rester.*

Cette peur de déclassement social sur terreau d'un racisme systémique malheureusement profondément ancré dans notre société est un cocktail explosif, miroir des inégalités et injustices d'un système qui fait tout pour monter les un·es contre les autres.

Récréer du lien, du « nous » contre les discriminations

Nous voilà pris au piège d'un cercle vicieux dangereux, dans une stratégie de *diviser pour mieux régner* qui n'arrange que ceux à qui profite le *statu quo*.

D'un côté, les dominant·es affichent un mépris blessant pour les populations qui se débattent avec les fins de mois difficiles dans des territoires abandonnés. Et leur remettent régulièrement la tête sous l'eau avec une déclaration hors-sol qui renforce ce sentiment de mépris, une nouvelle mesure antisociale ou une répression policière qui est là pour leur rappeler : restez à votre place. Autant d'actes de diversion pour pointer du doigt de faux responsables et maintenir leur pouvoir.

En réponse, une part de plus en plus grande de la population qui se sent rejetée se met elle-même à rejeter les autres. Cibler d'autres boucs émissaires pour ne plus être les victimes : les immigrés comme toujours, mais aussi ces minorités qu'on ne comprend pas bien, comme les homosexuel·les, les trans et toutes les autres lettres *bizarres* dans LGBTI+. Stigmatiser d'autres plus pauvres que soi, plus marginalisés, pour ne plus se sentir dans le camp des perdants. Traiter l'autre de *singe* pour ne pas être pris soi-même pour un pigeon… Personne n'a envie d'être le dernier de cordée.

Et pendant ce temps, nous sommes nombreuses et nombreux – j'avoue m'y inclure – à avoir comme premier réflexe le rejet des *gens* qui ont osé voter pour l'extrême droite. Parce que nos préjugés immédiats nous amènent à penser qu'ils et elles votent en conscience pour un parti néofasciste, ce qui est criminel et inacceptable, ou qu'ils et elles sont… stupides ou n'ont pas fait l'effort de s'informer. Aïe, vraiment ? Quel mépris là encore, voilà qui ne va pas arranger les choses…

On est toujours le ou la rejeté·e de quelqu'un. Répercuter ce sentiment sur les autres ne résoudra rien si ce n'est alimenter ce cercle vicieux et s'enfermer chacune, chacun un peu plus dans un triste et dangereux repli sur soi.

Alors maintenant, on fait quoi ? Nathalie Achard, autrice et formatrice en communication non violente (et intelligente), aguerrie au travail de terrain, nous aide à avancer dans un billet de blog au moment des élections de l'été 2024[1]. Elle répond à une personne qui lui a demandé, durant une conférence sur la non-violence et les discriminations, comment faire face à l'explosion de violence, en particulier raciste et anti-LGBTI+, visible dans le sillage de la dissolution de l'Assemblée nationale, et elle me fait l'amitié d'accepter que j'en reproduise une bonne part, tant je trouve ses mots justes :

> *Il n'y a pas de EUX, il n'y a que des NOUS. Il n'y a que des personnes, jusqu'alors protégées par leurs privilèges, qui n'ont pas entendu, n'ont pas voulu entendre, ont minimisé, ont préféré s'enfouir dans l'indifférence. Pas entendu quoi ? Les maltraité·es, les écrasé·es, les discriminé·es, de façon systémique et historique, par un collectif qui continue à favoriser des récits de domination insupportables. Par un collectif constitué par NOUS. Ça ne sera que sur la base d'un NOUS coresponsable et interdépendant que la situation pourra être dépassée. Pas sur celle d'une faute exportée sur des boucs émissaires et des actions entreprises pour d'autres, qui n'ont jamais été écouté·es, qui plus est.*
>
> *[...] Quand comprendrons-nous enfin qu'un droit que l'on enlève à une personne est un droit que l'on enlève à toutes et tous ? Ce n'est jamais juste un petit bout de NOUS, ce n'est jamais juste EUX, c'est toujours un NOUS indivisible, indissociable et coresponsable. Sans oublier, comme le disait Mandela, que « ce qui se fait pour nous, sans nous, se fait contre nous ».*
>
> *[...] Tant que cette réalité fondamentale de notre fonctionnement interdépendant ne sera pas intégrée, tant*

1. Nathalie Achard, « Premier tour des législatives 2024 : pourquoi cet étonnement ? », billet du blog *Club de Mediapart*, 1er juillet 2024.

> *que la douleur de EUX sera traitée avec une compassion distanciée, grâce à la puissance dévastatrice des privilèges, NOUS continuerons à NOUS perdre dans l'ombre, où les chasseurs embusqués de nos haines, attisées par les apprentis sorciers politiques, tireront sur tout ce qui bouge.*

Voilà de quoi ouvrir les yeux et sortir des ornières dans lesquelles nous sommes bloqué·es, où l'on se renvoie les un·es et les autres dos à dos, tout à la fois acteurs et sujets de discriminations en boucle. Pour prendre encore plus de recul, participer à recréer du lien et une société plus juste et « changer la donne », Nathalie Achard nous encourage à identifier et travailler sur notre « responsabilité individuelle » dans ce système qui « autorise, entretient, voire renforce les discriminations ».

Il est vrai qu'il n'est pas rare qu'on reproduise nous-même ces rapports de force et de domination qu'on dénonce dans la société. En effet, nous sommes toutes et tous multifacettes, un mélange de privilèges et d'oppressions. Pour ne prendre que mon exemple, je peux être exposée à certaines violences et discriminations en tant que femme et en tant que lesbienne. Mais j'ai aussi la chance de bénéficier de la force et de la protection de nombreux privilèges : blanche, dans un métier et des fonctions qui me donnent un certain pouvoir, avec un caractère bien trempé, sachant m'exprimer haut et fort, sans difficultés économiques. Des privilèges qui sont autant de responsabilités.

Nathalie Achard nous encourage donc à aller plus loin dans le besoin de recréer du lien, de l'écoute. Mettant le doigt sur ce lien incontournable entre « privilèges et oppressions », elle nous invite à cette prise de conscience : « comprendre que je fais partie de façon quasi organique du système que je dénonce, voir en toute vérité ce que j'ai intégré en profondeur des récits discriminants, découvrir ce que je véhicule et reproduis, avoir la conscience de ce que je ne veux pas perdre comme privilèges, c'est prendre ma pleine responsabilité non pas dans ce qui se passe "autour de moi", mais bien "chez moi", "avec moi".[1] »

Il ne s'agit donc pas d'un repli sur soi ou d'une réaction sur la défensive « on ne peut plus rien dire », mais de tout le contraire : il s'agit de nos liens interpersonnels, de *nous* rassembler, de recréer un *nous* capable de solidarité, de mobilisations, de créativité pour tenir tête aux partisan·es du *business as usual* et réinventer un socle commun. Un « Programme de résistance » comme nous y encourageait déjà fortement l'appel de treize anciens résistants du 8 mars 2004[2] :

> *Nous appelons les mouvements, partis, associations, institutions et syndicats héritiers de la Résistance à dépasser les enjeux sectoriels, et à se consacrer en priorité aux causes politiques des injustices et des conflits sociaux, et non plus seulement à leurs conséquences, à définir ensemble un nouveau « Programme de Résistance » pour notre siècle, sachant que le fascisme se nourrit toujours du racisme, de l'intolérance et de la guerre, qui eux-mêmes se nourrissent des injustices sociales.*

Je sais, et certain·es se disent : « Regardez les mobilisations précédentes, ça n'a servi à rien. » Au contraire. Partout je lis des articles sur la logique néolibérale qui vacille. Dans tous les combats que l'on mène, on voit les lobbies chercher à gagner du temps,

1. *Mon privilège, ton oppression* était le premier titre d'un des ouvrages d'utilité publique de Nathalie Achard, désormais disponible en poche sous le titre *En finir avec les discriminations*, Paris, Marabout, 2023.
2. « Appel des Résistants aux jeunes générations du 8 mars 2004 », blog de *Mediapart*, 8 février 2023.

mais eux et nous savons qu'ils ne pourront pas continuer indéfiniment à surexploiter les ressources et les gens comme si de rien n'était. Et plus nous sommes en mouvement, plus nous l'agrandissons, plus nous agissons, plus nous donnons du pouvoir à un grand nombre de personnes.

Alors, recréons du lien, sans naïveté mais avec détermination, en suivant les pas d'Edgar Morin pour, *in fine*, résister sur les deux fronts[1] :

> *Je me suis progressivement voué à une résistance intellectuelle et politique contre les deux barbaries qui de plus en plus menacent l'humanité, la vielle barbarie venue du fond des âges de la domination, de l'asservissement, de la haine, du mépris, et qui déferle de plus en plus dans les xénophobies, racismes, [...] et la barbarie froide et glacée du calcul et du profit, qui elle-même prend les commandes dans une grande partie du monde.*

Il reste tant à faire. Tant d'impensés et d'espoirs auxquels redonner corps. Tant de préjugés à défaire. Tant de liens à nouer.

1. Edgar Morin, *Changeons de voie. Les leçons du coronavirus*, Paris, Denoël, 2020.

Mettre les pieds dans le plat

Pouvoir décider de ce qu'on mange et comment on le produit. C'est une des facettes du droit à l'alimentation trop souvent oubliée, ou mise sous le tapis. En d'autres termes, comme on l'a vu avec la définition de la souveraineté alimentaire, notre vrai droit est certes d'avoir accès à une nourriture quantitativement suffisante et sans risques pour la santé, mais aussi digne et adéquate, c'est-à-dire correspondant aux choix des populations et à l'organisation sociale, agricole, économique qui va avec. Pour avancer dans la quête de ce droit universel encore si peu acquis dans les faits, plusieurs actions sont possibles, que nous allons maintenant explorer à travers deux grandes voies : la voie de la résistance au système et la voie du pas de côté, des alternatives. Comme m'a confié la sociologue Pauline Scherer, agir sur l'injustice alimentaire est un formidable vecteur de lien social :

Il y a un mouvement, un intérêt, une envie d'engagement, sur lesquels il faut s'appuyer pour porter l'idée que l'alimentation doit devenir un sujet politique et démocratique majeur, au même titre qu'il s'agit d'une injustice majeure.

La résistance au système : David contre Goliath

La montagne est haute, mais une chose est sûre : la première façon de résister est de dénoncer sans relâche les pratiques abusives ce ceux qui se croient tout-puissants. Ces révélations ont le mérite de faire monter des sujets jusque-là totalement ignorés dans le débat public, ainsi que de mettre la pression sur les responsables visés. En matière d'alimentation, des sujets essentiels sont ainsi mis sur la table et à l'agenda politique : les questions de transition agricole, de sortie des pesticides, les additifs controversés pour la santé à bannir (nitrites, nitrates, aspartame, etc.), la responsabilité des multinationales et de la grande distribution qui se font du beurre sur un marché à deux vitesses – des aliments sains pour les plus riches et toujours plus de produits ultra-transformés et peu équilibrés pour les plus pauvres –, le gaspillage de l'argent public et les coûts cachés insupportables du système actuel et beaucoup d'autres que nous avons vus dans les premières parties de ce livre.

Pour casser l'omerta et le climat d'impunité de ce système agroalimentaire, des opérations coup de poing peuvent jeter un pavé dans la mare. Ainsi, par exemple, Foodwatch dénonce régulièrement les scandales et les fraudes alimentaires[1] et poursuit les responsables en justice. Déjà cinq plaintes au compteur, dont deux ciblent le récidiviste Nestlé : Lactalis et les laits infantiles contaminés à la salmonelle (2018), Nestlé et ses pizzas Buitoni contaminées à la bactérie E. coli (2022) – ayant entraîné la mort de deux enfants et des dizaines de contaminations graves –, Ferrero et

1. Voir le livre-enquête *Manger du faux pour de vrai. Les scandales de la fraude alimentaire, op. cit.*

ses Kinder aux salmonelles (2022), et, bien sûr, la saga Nestlé Waters et Sources Alma et leurs eaux minérales contaminées et filtrées illégalement (2024). Mais c'est aussi la capacité à faire front commun, au-delà des causes spécifiques défendues par les un·es et les autres, qui peut peser dans les rapports de force. Faire corps, et réconcilier tous les maillons de la chaîne de production alimentaire, jusqu'aux mangeuses et mangeurs. Ainsi, par exemple, le collectif Nourrir rassemble plus de cinquante organisations, associations de paysan·nes, associations de protection de l'environnement, associations de consommateurs et consommatrices qui s'organisent pour partager informations, expériences et actions communes par thèmes : commerce et économie, accès digne, etc. Cela permet de mettre en lumière à quel point tout est lié dans ces équations – là encore, ne pas opposer agriculture et environnement, producteurs et consommateurs – et bien sûr de se faire entendre d'une seule voix, plus influente. Un appel et une série d'actions ont ainsi été lancés collectivement début 2024, en réaction au recul du gouvernement sur des objectifs de réduction de pesticides ou des demandes de prix justes pour la vente des produits agricoles : « Citoyens et citoyennes, paysans et paysannes, nous voulons une alimentation saine au prix juste, pour toutes et tous ![1] »

Dans ce rapport de force, la société civile a de quoi tenir tête aux plus gros. Ne serait-ce que parce que ces derniers ne sont pas du bon côté de l'histoire et que leurs pratiques abusives ne peuvent perdurer que si on ne les voit pas trop, qu'on les laisse faire. « Pas vu, pas pris » est leur stratégie principale. Sauf que les lanceuses et lanceurs d'alertes se rebellent, se multiplient, observent et dénoncent haut et fort leurs dérapages.

1. https://linktr.ee/agrialimsante.

La caisse de résonance médiatique et les échos bruyants sur les réseaux sociaux écornent la réputation de ces marques. Leur talon d'Achille, c'est leur image. Les exposer publiquement est efficace pour les forcer à se justifier et à changer certaines pratiques. Les mettre au pied du mur pour qu'enfin ils rendent des comptes.

Pour reprendre l'exemple dans lequel je suis plongée tous les jours, quand Foodwatch dénonce des cas d'arnaques sur l'étiquette en montrant et en nommant produits et marques concernées (pratique du *name and shame*), que ce soit à cause d'arnaques au prix, d'allégations santé fumeuses, d'huile de palme masquée dans des produits soi-disant traditionnels ou de marketing fallacieux, les marques sont très souvent prises à partie dans les médias et sommées de s'expliquer. Résultat : il n'est pas rare qu'elles changent de fait leur emballage et leurs pratiques sans que nous ayons besoin de sortir l'artillerie juridique lourde. Car « une fois pris » publiquement, au grand jour, difficile de faire comme si de rien n'était.

Ce rôle de contre-pouvoir qui met des coups de projecteurs sur les pratiques inacceptables et fait du bruit pour faire réagir la société – un genre de porte-voix citoyen – a aussi un rôle dissuasif très fort. Plusieurs personnes de l'industrie agroalimentaire m'ont par exemple confié qu'il y a eu pour leur secteur un avant et un après-Foodwatch : l'association a beau être « petite », ses campagnes sont redoutées pour leur capacité à faire du bruit. On m'a par exemple rapporté que, lors d'une réunion au sujet d'un packaging dans le service marketing d'une grande marque, quelqu'un se serait exclamé : « Non, non, on ne peut pas faire ça, Foodwatch va nous tomber dessus ! » Je vous avoue que ça fait plaisir à entendre, de se sentir utile ! Cet effet préventif n'étant pas quantifiable, la plupart du temps on ne sait pas ce qui a été évité. Mais l'objectif est en partie rempli : les industriels et distributeurs savent qu'ils ne peuvent pas faire complètement n'importe quoi. « On vous voit », voilà ce qu'on leur dit. Collectivement, « on vous voit » et on ne va pas laisser faire. Même quand il s'agit d'un véritable bras de fer.

C'est un des trois messages forts que nous faisons passer avec nos campagnes, et nos partenaires. Un second s'adresse à l'État et aux décideurs et décideuses politiques : vous ne pouvez plus faire comme si de rien n'était, nous exigeons que vous jouiez enfin votre rôle.

Et un troisième s'adresse à vous, aux citoyen·nes : ensemble, nous pouvons résister et aussi explorer, expérimenter, monter et montrer comment on peut faire autrement, en dehors de ces systèmes qui écrasent. Se réapproprier notre alimentation.

Les pas de côté : un florilège d'initiatives pour se réapproprier notre alimentation

La diversité et la richesse des projets en régions autour de l'alimentation illustrent un fort appétit de reprendre le pouvoir sur nos assiettes. Et de redessiner par nos assiettes les contours d'autres façons de créer du lien et de vivre ensemble.

De nombreuses associations de terrain comme Action contre la faim, Ugess (Union des Groupements des épiceries sociales et solidaires), Vrac (Vers un réseau d'achat en commun), le Secours catholique, le réseau CIVAM, Réseau Action Climat appellent au soutien d'initiatives et de « dispositifs d'accès à une alimentation choisie[1] ». Les collectifs fleurissent : lutte contre les déserts alimentaires, lieux de solidarité, Amap (Association pour le maintien d'une agriculture paysanne), jardins potagers, comme l'association Veni Verdi, pour une agriculture de proximité, participative et sociale, et beaucoup d'autres. Dans la diversité de ces initiatives, les approches se recoupent, comme on le voit dans la douzaine de projets brossés par une récente étude[2] : épiceries et paniers solidaires, souvent à tarifs différenciés, groupements d'achats – l'association Vrac par exemple développe des groupements d'achats dans les quartiers précaires de plusieurs villes, en s'appuyant sur la participation de ses adhérent·es pour définir leurs besoins et accéder ainsi ensemble à des produits de qualité à prix accessibles. Mais cela va beaucoup plus loin : ce qui est frappant dans la palette des multiples projets locaux, c'est qu'ils lient spontanément l'objectif d'un accès plus digne à une alimentation de qualité pour un plus grand nombre avec l'intention beaucoup plus large de recréer du lien social : refaire société autour du point central de rassemblement qu'est l'alimentation.

Pour ne citer que quelques exemples listés dans l'étude : Le début des haricots, société coopérative d'intérêt collectif (SCIC), anime tout un écosystème à Nantes avec son restaurant et son MicroMarché, espace qui ouvre la porte à des achats groupés de produits biologiques et locaux, au choix et sans engagement, à des prix attractifs et solidaires, cogéré à

1. « Pour une SNANC (Stratégie nationale pour l'Alimentation, la Nutrition et le Climat) qui prenne en compte les enjeux d'accès à une alimentation choisie, saine et durable pour toutes et tous », octobre 2023, accessible sur ugess.org : https://ugess.org/wp-content/uploads/2023/11/251023-note-SNANC-actualisee.docx.pdf.

2. Mathilde Douillet et Nicolas Bricas, « Nouvelles formes d'accès à l'alimentation de qualité pour toutes et tous – Quels modèles socio-économiques ? », Fondation Carasso et Chaire Unesco Alimentations du monde, juin 2023.

la fois par ses membres, les productrices et producteurs et les collectifs et associations qui y participent ; l'association En chantier, à Marseille, fait vivre un « lieu alimentaire, de vie et d'accueil inconditionnel » avec cantine participative et épicerie ; L'Esperluette, à Montpellier, recrée du vivre-ensemble avec son café associatif, son épicerie solidaire et une ribambelle d'activités sociales proposées par ses membres ; l'association Légum'au Logis, dans le quartier des Buers Nord de la métropole de Lyon, ne se contente pas de distribuer des paniers solidaires à prix adaptés, mais collabore aussi avec un réseau de paysannes et paysans locaux et se sert de l'alimentation comme levier pour des actions d'animation de proximité. Quand on parle de lien social et de collaborations : l'association accueille aussi les distributions du groupement d'achat local impulsé par l'association Vrac. Certains de ces projets intègrent même un volet d'emplois d'insertion. C'est le cas de l'association EPISOL à Grenoble, qui offre des postes d'assistantes et assistants de vente en insertion dans son épicerie solidaire, soutenant ainsi non seulement l'accès à une alimentation de qualité, mais aussi l'émancipation et l'autonomisation des personnes.

Cette réappropriation pour accéder à une approche plus « démocratique » passe avant tout par un accès aux informations, à une connaissance et un esprit critique sur la production de l'alimentation, comment y accéder, etc. Les projets d'éducation populaire y contribuent. Enfin, même de petits projets très locaux n'appartenant pas à de grands réseaux nationaux peuvent profiter des synergies et se réunir dans un mouvement national, comme avec le mouvement Carav'Alim, porté par un collectif rassemblant le Secours catholique, ACF, Ugess, la Fédération des centres sociaux, le réseau CIVAM, etc.

La démocratie commence décidément dans notre assiette

Si l'objectif de tous ces projets est bien de favoriser la participation et l'accès à une alimentation durable de qualité et choisie, et de soutenir des filières alimentaires adaptées, ils nous rappellent aussi à quel point l'alimentation est décidément politique et au carrefour de tous les enjeux. EPISOL a d'ailleurs mené une évaluation portant sur six objectifs, qui montrent leur multiplicité et leur intersectionnalité :

1) Améliorer l'accès à l'alimentation.
2) Lutter contre l'isolement, le lien social et le vivre ensemble.
3) Lutter contre le chômage et favoriser l'intégration sociale et professionnelle.
4) Favoriser l'implication et la participation.
5) Participer à une dynamique territoriale.
6) Améliorer l'impact environnemental.

L'étude « Nouvelles formes d'accès à l'alimentation de qualité pour toutes et tous – Quels modèles socio-économiques ? », citée plus haut, conclut ainsi :

> *L'alimentation devient ainsi un vecteur pour rassembler des populations qui se côtoient peu ; susciter la participation de personnes dans les choix alimentaires ; voire même lutter contre les inégalités alimentaires pour transformer les pratiques sociales de tous les actrices et acteurs dans une logique de démocratie alimentaire.*

Je ne le dirai jamais assez : la démocratie commence dans l'assiette. L'alimentation ouvre les portes du renouveau de nos liens sociaux, de la participation et de l'implication de toutes les personnes concernées, dans toute leur diversité, pour se réapproprier, coconstruire, réinventer comment nous voulons manger, mais aussi faire société. C'est aussi l'élan et l'intention que l'on retrouve dans les projets qui expérimentent les principes d'un nouveau concept, prometteur et émancipateur : la sécurité sociale de l'alimentation.

Vers une sécurité sociale de l'alimentation

Plus de trente projets d'expérimentations sont en cours dans différentes régions sur les principes d'une solution émergente : la sécurité sociale de l'alimentation (SSA). Depuis 2019, les membres du collectif pour une Sécurité sociale de l'alimentation[1] « échangent, construisent et portent un projet de société à la hauteur des enjeux agricoles et alimentaires ». Ils partagent expériences et réflexions pour « essayer de penser les institutions d'une socialisation de l'agriculture et de l'alimentation, seule voie à même de répondre aux urgences démocratiques, sociales et écologiques auxquelles nous sommes confrontés ».

Concrètement, ce projet vise à faciliter un accès économique, physique et social à des produits alimentaires auprès de producteurs, productrices, magasins, coopératives et/ou marchés « conventionnés », c'est-à-dire sélectionnés par les membres du projet. Cela s'organise à l'échelle de groupes locaux ou « caisses locales ». Le principe est que tous·tes les adhérent·es d'une caisse contribuent proportionnellement à leurs moyens au budget commun, ce qui permet d'octroyer à chacun·e un crédit mensuel (en théorie de 150 euros) sur une carte de SSA. Avec cet argent, les participant·es à la caisse concernée

1. https://securite-sociale-alimentation.org/.

peuvent acheter des produits alimentaires éligibles, c'est-à-dire conventionnés. Et là, cela devient encore plus intéressant, car un des principes clés de la SSA est que le choix des lieux de distribution et produits sélectionnés pour être conventionnés doit être le fruit d'une véritable gouvernance démocratique. Chaque expérimentation locale inspirée de la SSA invente ainsi sa propre manière de mettre en œuvre le projet. Par exemple, à Montpellier, les participant·es au projet de la caisse alimentaire commune, recruté·es sur la base du volontariat et réprésentant la diversité socio-économique locale, bénéficient d'un crédit mensuel de 100 euros en monnaie locale, la MONA. C'est un « comité citoyen », organe démocratique composé de bénévoles dont une grande partie est issue de la précarité, qui gouverne collectivement le projet d'expérimentation de la caisse, y compris le choix des lieux et producteurs conventionnés, établi après consultation et délibération de ses membres.

L'objectif est fort : refaire de notre assiette un lieu de démocratie et recréer du lien social. En donnant le pouvoir aux citoyen·nes, on leur redonne la dignité et le choix. Même si l'on n'en est qu'aux phases expérimentales, on peut se réjouir d'une chose : pour l'instant, ça marche ! De plus, conventionner un choix de produits est un fort levier de transformation du système de production agricole et alimentaire en orientant vers les critères de qualité définis collectivement et démocratiquement.

Quant à la dimension sociale, démocratique, plus inclusive, le témoignage de Samira, adhérente du comité citoyen de la caisse alimentaire commune de Montpellier, parle de lui-même[1] :

1. Témoignage issu du film de présentation de la caisse alimentaire commune de Montpellier : https://tav-montpellier.xyz/?PagePrincipale.

La précarité alimentaire, c'est aller aux Restos du Cœur, au Secours populaire, finir à découvert de 400 euros sur son compte, ce qui a été mon cas pendant très très longtemps. Manger quasiment la même chose toute la semaine. Donc je suis arrivée timidement dans l'expérimentation, sans savoir où j'allais, sans savoir pourquoi je faisais ça. Et puis j'ai compris que ma place était là parce que j'ai la parole, parce que je décide de certaines questions qui préoccupent pas mal de monde […], et même des gens de différents horizons, riches, pas riches, pauvres, pas pauvres, petits, gros, moyens, qui aiment beaucoup manger ou qui n'aiment pas manger. Pour moi, c'est comme ça que je suis arrivée. Et pourquoi je suis restée ? Parce que vraiment j'ai ma place dans le sens où on me demande mon avis, où on le respecte et où on le prend en compte. C'est pas un politicien, ou un chercheur ou une grosse tête, qui va dire « ça c'est bien pour toi, ça c'est bien pour toi, ça c'est bien pour toi ». En fait non, on nous demande à nous qu'est-ce qui est bien pour toi, donc ensemble ce qui est bien pour nous.

Sofia, autre membre du comité citoyen de la caisse de Montpellier, ajoute :

Le fait de participer à la caisse, ça me fait me dire que je peux faire quand même des choses, et que je peux influer à petite échelle sur un système qui ne me convient pas. […] J'ai l'impression que je reprends du pouvoir sur quelque chose qui ne m'allait pas.

Pauline Scherer, la sociologue qui coordonne l'expérimentation de la caisse alimentaire commune de Montpellier depuis janvier 2023, raconte :

Quand on a démarré l'expérimentation de caisse alimentaire commune à Montpellier, on était une poignée.

À la soirée de lancement de la caisse, on a vu arriver plus de 700 personnes.

Souvent on me dit : « Ah mais si vous demandez l'avis des gens, ils vont tous vouloir des frites et du coca ! » ; ce qu'on vit depuis deux ans est bien éloigné de ça. Si on favorise des espaces pour « faire démocratie », les citoyen·nes savent s'en emparer. Si on part du principe qu'il y a une égalité des savoirs et une urgence à les faire se croiser pour porter des changements, si on permet aux gens de développer leurs connaissances, de se forger des avis, de délibérer et que leurs décisions soient mises en acte, on fait politique autrement et on agit concrètement pour changer la vie des gens et faire avancer la cause. Une recherche-action locale ne suffit pas, à elle seule, à faire bouger un système complexe, injuste et verrouillé, mais elle peut démontrer scientifiquement l'intérêt d'un changement d'approche et surtout la puissance d'une démarche démocratique.

Tous ces projets constituent des laboratoires à innovation sociale, des initiatives qui permettent aux citoyen·nes de reprendre le pouvoir, qui redonnent de l'espoir. Des exemples de comment se mobiliser, faire changer les choses, faire société autrement, comme tous les exemples du chapitre suivant, bien au-delà de l'alimentation.

Passer à l'action ensemble

L'histoire est riche de mouvements sociaux variés et inspirants. Les exemples de mobilisations dans un passé proche ou plus lointain nous permettent de remettre en perspective les enjeux dans le temps, et donc ceux d'aujourd'hui : à quel point il est choquant de réaliser que les femmes n'avaient pas le droit de vote en France avant 1944, que jusque dans les années 1960 les personnes noires n'étaient pas autorisées à entrer dans des restaurants ou autres lieux publics aux États-Unis, ni à se marier avec des personnes blanches… Ces prises de conscience nous permettent de mesurer à la fois le chemin parcouru et les victoires remportées. De plus, cela nous aide à nous projeter : demain, dans vingt ou cinquante ans, je suis convaincue que cela paraîtra ubuesque et à peine croyable par exemple qu'on dépende d'autant de pesticides écocides, qu'on continue à surexploiter les ressources naturelles limitées pour des projets la plupart du temps inutiles, qu'on mesure les *performances* de la société sur un indicateur aussi réducteur que le PIB (produit intérieur brut) – depuis peu, le bonheur intérieur brut, qui prend aussi en compte l'espérance de vie en bonne santé, la confiance dans le gouvernement ou encore le niveau de solidarité, fait son apparition, mais timidement et sans véritable influence sur les politiques publiques.

De plus, je trouve que ces luttes nous montrent vraiment à quel point il est important de ne pas se résigner, d'agir, même quand on pense avoir très peu de chance de changer les choses. Rien n'est impossible. L'histoire nous enseigne aussi, bien sûr, l'importance de la détermination à mener ces luttes dans la durée, sans se décourager. L'exemple des mouvements LGBTI+ l'illustre assez bien. Alors que la première marche *Gay Pride* (fierté) est organisée à New York en 1970, il a fallu attendre 1981 en France pour que l'homosexualité ne soit plus classée dans la liste des maladies mentales et 1982 pour en voir la pénalisation supprimée. Il faudra encore dix-sept ans pour l'institution du pacte civil de solidarité (Pacs) en 1999, puis encore quatorze ans pour l'ouverture aux couples de même sexe du mariage et de l'adoption. Une lutte qui continue pour des droits encore bien insuffisants. Cet exemple est aussi vrai pour les nombreux droits sociaux *conquis* par le passé et qu'il faut continuer à défendre, et pour tous ceux qu'il reste à obtenir.

Alors allons-y. Quelles que soient les façons qui vous correspondent le mieux pour agir, n'ayez aucun doute que votre action a du poids. Participer en tant que bénévoles quelques heures par semaine à l'association de votre choix, rejoindre les donatrices et donateurs de contre-pouvoirs citoyens, associations et médias indépendants, même à hauteur de quelques euros par mois, agir à travers les pétitions, sit-in et autres actions en ligne et sur le terrain, parler de ces organisations et de ces actions autour de vous pour faire boule de neige. Se mettre en mouvement au niveau local ou plus global. Agir en tant que citoyen·nes, employé·es, entrepreneuses, entrepreneurs, agricultrices, agriculteurs, fonctionnaires, artistes, artisan·es, indépendant·es de tous poils et, bien sûr, responsables politiques. De là où vous êtes. C'est utile chaque jour, partout.

Tout compte pour faire mouvement et peser afin de défendre l'intérêt général et gagner de nouvelles batailles vers une société plus juste, vivable, souhaitable. Une « contresociété » surgit « hors des représentations dominantes et des discours. Elle préfigure de nouveaux modes d'organisation du social, de l'économique et du politique », décrit le sociologue Roger Sue[1].

Prenons-y part. Il y a mille et une façons d'agir. En voici quelques-unes, piochées au fil de mon expérience et des récits d'autres militant·es. Nous donner du courage et de l'inspiration, c'est bel et bien l'intention de ce chapitre. J'espère que vous en trouverez.

Faire corps et front uni : l'exemple des ronds-points des Gilets jaunes

Quand le mouvement des Gilets jaunes, lancé en octobre 2018, est apparu, plusieurs choses m'ont frappée. Tout d'abord, le déclencheur : la décision par le gouvernement d'une taxe « verte » sur les carburants. Quoi de plus hors-sol que d'annoncer aux Français·es qu'ils et elles vont devoir payer plus cher leur essence, alors que des millions de gens peinent à boucler les fins de mois et ont besoin de leur véhicule en dehors des villes pour aller travailler, faire des courses, chercher un bureau de poste et autres services publics de plus en plus éloignés ? Et quoi de plus hypocrite que de présenter une mesure économique injuste comme une avancée écologique ? C'était parfait pour mettre

1. Roger Sue, *La Contresociété. « Ils changent le monde ! »*, Paris, Les liens qui libèrent, 2016.

dos à dos, une fois de plus, justice sociale et justice environnementale. Faire croire que les mesures pour protéger nos écosystèmes, donc nos vies, relèvent d'une « écologie punitive ».

C'est insupportable d'entendre encore et encore ces arguments de mauvaise foi. Alors que ce qui est punitif, c'est de ne pas apporter de réponses aux besoins des populations, aux questions de pouvoir d'achat, à l'accès à une alimentation digne, mais aussi à des services publics de qualité.

Ce qui est punitif, c'est de faire croire qu'il faut opposer progrès social et protection environnementale – une énième stratégie de diversion pour justifier l'inaction politique. D'ailleurs, les citoyen·nes mobilisé·es ne s'y sont pas trompé·es. On a vu fleurir, au contraire, dans des manifestations de Gilets jaunes et des actions pour le climat, l'équation inséparable : « Fin du monde, fin du mois, même combat. »

Mais surtout, j'ai trouvé géniale cette idée de se mobiliser sur les ronds-points. Face à une société qui ne tourne pas rond, qui a tant isolé les individus, quoi de plus rassembleur que de se retrouver sur le terre-plein central ? J'ai tout de suite pensé aux places des villages africains, sous l'arbre à palabres où les villageois·es se retrouvent et résolvent les questions sociales. Cette idée brillante (jaune fluo !) a aussi enfin permis de rendre visible toute une partie de la population confrontée à un sentiment de déclassement. De surdité du reste de la société et des responsables politiques. De marginalisation. D'invisibilisation de leurs difficultés existentielles. De leur existence même. Près de trois Français sur dix avaient le sentiment de vivre dans un territoire délaissé des pouvoirs publics en 2017, d'après une enquête du Centre de recherche pour l'étude et l'observation des conditions de vie (Crédoc)[1]. Des zones rurales et périurbaines où tout est compliqué, emplois, transports, accès aux soins et autres services publics. Et voilà que dans ces territoires oubliés, on ne voyait plus qu'eux, au centre des ronds-points, au centre de l'attention, en une des journaux télévisés nationaux. Pour se rassembler, pour réaliser qu'ils et elles étaient confronté·es aux mêmes difficultés et s'organiser pour se mobiliser, ensemble.

Quoi qu'on ait pu dire – et il a coulé beaucoup d'encre – sur ce mouvement et certaines récupérations politiques, ces rassemblements citoyens sur les ronds-points en disaient surtout long, à mon sens, sur le besoin, mais aussi sur l'envie de millions de personnes de recréer du lien social et de reprendre le pouvoir pour exiger le respect de leurs droits. Leur droit à une vie digne. D'ailleurs, rapidement, les revendications se sont élargies au champ de la justice sociale et de la redistribution des richesses (pouvoir d'achat, revalorisation du Smic, augmentation des retraites, rétablissement de l'impôt sur la fortune), et de la démocratie participative (référendum d'initiative citoyenne par exemple).

Les Gilets jaunes l'ont illustré : tous les sujets, tous les droits, sociaux et économiques et toutes les revendications sont liés, à l'intersection des préoccupations de nos vies quotidiennes. Au cœur de la question de nos sociétés et du comment mieux vivre ensemble.

Un pied dedans, un pied dehors

Au centre des contestations des mouvements dits altermondialistes, au début des années 2000, des

1. N. Guisse et S. Hoibian, « Près d'un Français sur trois estime vivre dans un territoire délaissé par les pouvoirs publics », Crédoc, octobre 2017.

sujets touchant les injustices économiques enflammaient les débats, comme les accords de libre-échange et les règles dictées par les institutions financières (Fonds monétaire international, Organisation mondiale du commerce, Banque mondiale…) au détriment des droits des populations et au profit des multinationales. Le premier Forum social mondial (FSM) s'organise en 2001, à Porto Alegre au Brésil – et a lieu régulièrement depuis. Ce rassemblement sous la bannière « Un autre monde est possible » est pensé comme une alternative au Forum économique mondial de Davos, qui a lieu en Suisse tous les ans en janvier.

Miriam Simos, alias Starhawk, militante depuis les années 1970, figure haute en couleurs, fait des chroniques « en direct de la rue » lors des contre-sommets altermondialistes, de Seattle (1999) à Gênes (2001). Pour elle, c'est clair, il faut désobéir :

> *Chaque exemple de résistance ralentit le système, contrecarre son fonctionnement, diminue son pouvoir*[1].

Et cette résistance en soutient d'autres, comme le montre l'exemple de l'échec du cycle de négociations de l'Organisation mondiale du commerce (OMC) sur la libéralisation du commerce mondial à Cancùn en 2003. Isabelle Stengers raconte dans la préface des *Chroniques altermondialistes* de Starhawk les cris de joie des militant·es quand ils et elles apprennent que les représentants officiels du Brésil et du Swaziland dans ces négociations ont dit que « sans les actions à l'intérieur et à l'extérieur, ils n'auraient pas été capables de résister ». Elle explique :

1. Starhawk, *Chroniques altermondialistes. Tisser la toile du soulèvement global*, Paris, Cambourakis, 2024.

> *C'était notre stratégie – l'espoir qui nous a nourri·es que si, dans les rues, dans les forums, au sein même de la conférence, il y avait une opposition publique claire et puissante à l'OMC, les délégués ignorés du monde « en développement » trouveraient le courage et la force de se rebeller. Et ils l'ont fait.*

C'est la stratégie que j'appelle « un pied dedans, un pied dehors ». Ce témoignage est très important, car il illustre bien le rôle qu'on peut jouer du dehors en tant que contre-pouvoir citoyen : donner de la force et des marges de manœuvre aux allié·es qui sont à l'intérieur des sphères du pouvoir où les décisions se prennent, que ce soit dans des conférences, les ministères ou les parlements. Sans cette pression extérieure, rien ne se passerait. Je l'ai vécu des dizaines de fois. En République démocratique du Congo par exemple, on jouait avec l'équipe de Greenpeace le rôle d'agitateurs du *dehors*. Nous faisions un maximum de tapage avec nos enquêtes, révélant des allocations douteuses de concessions forestières et dénonçant des violations de droits humains par des milices envoyées pour dissuader des villageois·es de résister à l'accaparement de leurs ressources. Pendant ce temps, d'autres ONG plus institutionnelles avaient l'oreille du gouvernement et des diplomates *dedans*, dans les réunions officielles, et nous remerciaient de faire du bruit avec nos rapports, car eux ne pouvaient pas dire tout cela haut et fort, mais se servaient de la pression publique de nos actions pour pousser les décideurs à réagir, de l'intérieur.

Autres exemples avec Foodwatch et nombre de témoignages discrets de personnes travaillant dans les ministères et autres institutions, qui nous glissent que les mobilisations citoyennes et relais médiatiques de nos actions et pétitions font monter ces sujets à l'agenda politique et leur donnent plus de poids, dans telle ou telle réunion interministérielle, à la Commission européenne ou dans une commission à l'Assemblée nationale, par exemple. Continuons !

Désobéissance civile, contre-pouvoirs et coalitions citoyennes

En 1849, de l'autre côté de l'Atlantique, Henry David Thoreau marque l'histoire par son combat contre l'esclavagisme qui sévit dans le sud des États-Unis et contre la guerre avec le Mexique. Pour protester, il refuse de payer un impôt, est arrêté et envoyé brièvement en prison. Le philosophe et poète en tire alors un essai reconnu comme le premier inspirateur de la notion de « révolte » non violente : *la désobéissance civile*. Il en appelle à une mobilisation citoyenne :

> *Je suis convaincu que, si un millier, si une centaine, si une dizaine d'hommes [...] dans notre État du Massachusetts renonçaient à posséder des esclaves, se retiraient effectivement de cette entreprise, quitte à se faire jeter dans la prison du comté, cela signifierait l'abolition de l'esclavage en Amérique*[1].

En vérité, il se sentait bien trop seul dans cette lutte, mais sa vision et son plaidoyer donnent encore du souffle aujourd'hui. Car, comme Thoreau, j'en suis convaincue :

> *Une minorité n'a aucun pouvoir tant qu'elle se conforme à la majorité ; auquel cas, ce n'est même pas*

1. Henry David Thoreau, *La Désobéissance civile*, Paris, Fayard, 2022.

une minorité. Mais c'est une force irrésistible lorsqu'elle fait obstruction de tout son poids.

Se serrer les coudes, faire en sorte que nos voix comptent, c'est aussi se rassembler dans des contre-pouvoirs citoyens, y participer, les soutenir : associations, syndicats, coopératives, etc. Et si chaque organisation est forte dans son domaine d'expertise, son mandat social, il est je crois fondamental qu'elles agissent dans une vision globale, commune, coordonnée, ancrée. C'est vrai pour toutes les luttes pour les droits fondamentaux. Comme on l'a vu, elles sont toutes interconnectées, interdépendantes. Il faut par exemple que les droits vitaux, à l'alimentation, à la santé et au logement soient couverts pour pouvoir aussi se consacrer au front des idées et à la transformation de notre société. Tant que le *vivre* est menacé, le *vivre-ensemble* n'a aucune chance. C'est aussi vrai bien sûr pour les questions sociales et environnementales, qui doivent être réconciliées et aller de pair. Voici des exemples de cette approche qui traverse et relie les thématiques, les problèmes, les solutions.

Alternatiba, qui milite depuis 2014 pour un monde juste et soutenable, se métamorphose ainsi en avril 2024 pour renchérir sur ce besoin de vision globale et de mobilisation collective et participative. Rebaptisée Action Justice Climat, l'organisation explique sa mue :

Nous évoluons vers la construction d'un mouvement encore plus au croisement des luttes sociales et climatiques. Bien loin de l'écologie des puissants, qui fait porter la responsabilité aux individus, nous défendons une écologie populaire et émancipatrice pour faire advenir un projet de société juste pour toutes et tous. Nous construisons notre lutte à partir de la réalité des gens, et coconstruisons avec les personnes les plus durement touchées.

Emma Haziza, hydrologue, alerte également sur le fait que tant qu'on réfléchira en silos plutôt que de regarder la situation globale, « on ne comprendra pas l'urgence, on n'avancera pas ». Et elle ajoute à juste titre : « Tout ça a un coût pour la société[1]. »

De fait, coalitions, appels communs, actions collectives se multiplient. J'ai déjà mentionné des initiatives et appels collectifs côté agriculture et alimentation dans le chapitre précédent. Côté climat, il a fallu des années et de nombreuses autres mobilisations jusqu'à arracher l'accord de Paris en 2015 lors de la COP 21 et son objectif de maintenir « l'augmentation de la température moyenne mondiale bien en dessous de 2 °C au-dessus des niveaux préindustriels ». Depuis, les États signataires brillent tristement par leur inaction. La pression citoyenne s'est donc accentuée : marches pour le climat, mouvement *Fridays for future* et grèves scolaires de jeunes du monde entier, lancées par Greta Thunberg en 2018[2]. Plus récemment, des citoyennes et citoyens ont carrément décidé dans plusieurs pays d'amener l'inaction de leur État devant les tribunaux[3], pour défendre leurs droits fondamentaux face aux changements climatiques. Après les Pays-Bas, avec la confirmation par la Cour suprême en 2019 d'un verdict de 2015 pour mesures insuffisantes de l'exécutif

---

1. Emma Haziza dans *C ce soir*, « Dette, déficit : l'écologie, grande sacrifiée ? », France 5, 28 mars 2024.

2. Pour plus d'informations sur ces mouvements, avec des témoignages d'actions non violentes très inspirantes, je recommande la lecture de *La Bataille du siècle. Stratégie d'action pour la génération climat* de Jon Palais, activiste écologiste, aux éditions Les liens qui libèrent, 2023.

3. Voir le documentaire *Justice climatique. Des citoyens contre leurs États*, réalisé par Zouhair Chebbale, sur ushuaiatv.fr.

face au dérèglement climatique[1], l'Affaire du siècle[2] a marqué en 2018 un recours en justice inédit en France. Quatre organisations – Notre Affaire à Tous, Greenpeace France, Oxfam France et la Fondation pour la Nature et l'Homme – ont assigné l'État français en justice devant le tribunal administratif de Paris. Le 3 février 2021, la faute de l'État est établie ; la justice reconnaît aussi sa responsabilité et le préjudice écologique causé par l'inaction climatique de la France. En Suisse, une association de femmes âgées a saisi la Cour européenne des droits de l'homme (CEDH) pour inaction de l'État face aux risques induits par le dérèglement climatique. Dans une décision du 9 avril 2024, la CEDH leur a donné raison et a condamné la Suisse pour violation des articles 6 et 8 de la Convention européenne des droits de l'homme. Elle a ainsi reconnu le droit des individus d'être protégés par l'État, contre les effets néfastes graves du changement climatique sur leur vie[3]. Conclusion : les États ont le devoir de prendre des mesures pour atténuer des effets « potentiellement irréversibles » du dérèglement climatique. Même si, bien sûr, les citoyennes et citoyennes attendent toujours plans et actions à la hauteur des enjeux, il est notable que c'est la première fois que cette Cour lie le droit à la santé et au bien-être aux effets de la crise climatique[4].

Les mobilisations citoyennes et de défense des droits humains ont également été spontanément très fortes après la dissolution de l'Assemblée nationale en juin 2024 et la menace de l'accession au pouvoir de

1. Aude Massiot, « Les Pays-Bas définitivement condamnés pour inaction climatique », *Libération*, 20 décembre 2019.

2. https://laffairedusiecle.net/.

3. « Climat : la CEDH condamne un État pour son manque d'action contre le changement climatique », 11 avril 2024, accessible sur vie-publique.fr.

4. Marie Bellan, « Inaction climatique : une condamnation inédite de la Suisse », *Les Échos*, 9 avril 2024.

dirigeant·es de l'extrême droite. Le sentiment d'urgence et de résistance a favorisé les rassemblements et les alliances de luttes sur tous les thèmes : droits humains, féministes, antiracistes, etc. L'appel, le 12 juin 2024, de la Ligue des droits de l'Homme, rejointe par cent organisations, en est un bon exemple[1].

Ces mobilisations sont essentielles pour jeter des ponts entre des pans de la société qui se méconnaissent, pour recréer du lien et pour permettre à celles et ceux qui se croyaient à l'écart de se sentir en nombre et appartenant à un mouvement massif et porteur. On l'a vu plus haut, des initiatives comme la caisse alimentaire commune de Montpellier, dont les membres représentent une grande diversité sociale, ou des groupements d'achats dans les quartiers populaires comme Vrac redonnent du pouvoir aux citoyen·nes. Et particulièrement à celles et ceux qui se sentent le plus souvent laissé·es-pour-compte. C'est aussi le cas avec l'association Banlieues Climat, qui permet aux jeunes des quartiers défavorisés de se réapproprier les sujets liés à l'environnement. Loin des codes des marches et des grèves des jeunes pour le climat, Féris Barkat a cofondé l'association Banlieues Climat à l'automne 2022 pour informer, former et permettre à des jeunes de 16 à 25 ans de s'approprier ces sujets, de se sentir légitimes sur les questions écologiques. De faire partie d'un tout, où chacun·e lutte à sa façon, mais ensemble, en regardant dans la même direction, sous la bannière, là aussi : « Fin du monde, fin du mois, même combat. »

Jeter des ponts et même casser les murs qui nous séparent, comme l'explique si bien Fatima Ouassak dans *Pour une écologie pirate*[2] : ne plus considérer par

1. https://www.ldh-france.org/ensemble-contre-lextreme-droite/.
2. Fatima Ouassak, *Pour une écologie pirate. Et nous serons libres*, Paris, Points, 2024.

exemple les quartiers populaires comme « de formidables réservoirs d'énergie qui n'attendent que d'être sensibilisés pour massifier le mouvement » pour défendre le climat ou comme des réservoirs de vote juste au moment d'élections sans les associer pleinement aux projets de société. Sinon, « tout ce que l'on parvient à créer dans les quartiers populaires, c'est de l'impuissance et de la résignation ». Féris Barkat renchérit suite à l'appel à la mobilisation électorale des jeunes au moment des législatives inattendues de juillet 2024 :

> *Quand on est invisibilisé 364 jours par an, comment s'étonner que l'on ne réponde pas présent le jour du vote ? Nous ne sommes pas des cartes électorales ambulantes*[1].

Plutôt que de penser à la place des gens, de les regarder de loin, de côté, voire de travers, préférer aller à leur rencontre, les écouter, et construire ensemble les projets qui répondent aux besoins à la fois de chacune et chacun et de toutes et tous, dans leur diversité.

Toutes ces initiatives, toutes ces façons de participer à des mobilisations collectives permettent de se sentir appartenir à un même corps social, uni, partageant les mêmes valeurs, la même urgence. Même s'il nous reste encore pas mal de murs à casser, de préjugés à déconstruire les un·es sur les autres, toutes ces actions transmettent un mot d'ordre : ne pas s'autocensurer. L'engagement, quel qu'il soit, émancipe, donne du sens. Il permet de dépasser notre sentiment d'impuissance, de se sentir utile, de refaire corps.

D'ailleurs, les allié·es viennent de partout aujourd'hui : las de voir que leurs études et leurs

1. Sébastien Billard, « Féris Barkat : "Nous ne sommes pas des cartes électorales ambulantes" », *Le Nouvel Obs*, 27 juin 2024.

alertes n'infléchissent pas les politiques publiques et craignant pour l'avenir, les scientifiques s'organisent eux aussi pour se mobiliser plus activement. Scientifiques en rébellion en est une illustration forte :

> *Scientifiques en rébellion, branche française de Scientist Rebellion, est un collectif de scientifiques de toutes disciplines, tous statuts et tous secteurs qui se mobilisent contre l'inaction face au dérèglement climatique et à l'effondrement de la biodiversité. Le collectif est né de l'Appel des mille scientifiques à la désobéissance civile paru dans le journal* Le Monde *en 2020*[1].

Occuper le terrain : les ZAD

La résistance contre le projet d'aéroport Notre-Dame-des-Landes, près de Nantes, a été un combat emblématique de tout un pan des luttes sociales et environnementales sur le terrain : les *zones à défendre* (ZAD). L'acronyme ZAD veut officiellement dire *zone d'aménagement différé*, c'est-à-dire gros chantier en vue de bétonisation pour construire au choix un aéroport, une autoroute, un barrage, etc. Pour leurs opposant·es, ces zones deviennent des *zones à défendre*, parce que ces projets menacent les écosystèmes et sont considérés comme inutilement destructeurs[2]. Le premier exemple historique d'un tel mode de lutte pacifiste par l'occupation d'un lieu en France est le fameux mouvement du Larzac dans les années 1970. Les paysan·nes se sont rebellé·es contre le projet d'extension d'un camp militaire sur leurs terres,

1. https://scientifiquesenrebellion.fr/.
2. Le média indépendant *Reporterre* met en accès libre une carte interactive de ces projets et luttes : https://lutteslocales.gogocarto.fr/map#/carte/@46.33, – 3.21,5z?cat=all.

aidé·es par une multitude de citoyen·nes opposé·es au projet qui sont venu·es s'installer sur ces terres pour les défendre, en solidarité. La résistance durera dix ans et finira par emporter le bras de fer en 1981. À Notre-Dame-des-Landes, les zadistes ont là aussi occupé la zone pendant près de dix ans en organisant une véritable communauté locale autogérée : habitations autoconstruites, production vivrière, etc. Après moult péripéties et une détermination de longue haleine, la mobilisation a payé et le projet d'aéroport a été finalement abandonné en 2018. Dans la même période, des zadistes s'opposent à un projet de barrage à Sivens, dans le Tarn. Cette ZAD a malheureusement fait la une des journaux quand un jeune militant, Rémi Fraisse, a été tué par une grenade offensive lancée par un officier de gendarmerie en octobre 2014. Aujourd'hui, c'est le bras de fer entre les opposant·es à la construction de l'A69 et les autorités publiques qui épaulent les entreprises de destruction des écosystèmes pour ce chantier qui fait l'actualité, parmi d'autres résistances.

L'effet papillon

> *Un jour ou l'autre, vous tomberez sur un inconnu en train de fêter une victoire dont vous serez à votre insu l'un des artisans.*
>
> Gloria Steinem, *Ma vie sur la route*

Quand il m'arrive de douter, je repense à ces deux exemples, qui m'ont appris à ne jamais sous-estimer les effets possibles de nos actions, bien au-delà de ce qu'on imagine ou de ce qu'on peut mesurer.

Gloria Steinem, icône féministe américaine, journaliste et autrice, a passé des années à militer pour les droits fondamentaux. Parmi les mille anecdotes passionnantes de son témoignage *Ma vie sur la route*[1], l'une a particulièrement retenu mon attention. En 2008, elle intervient sur un campus universitaire aux États-Unis, où elle avait animé trente-cinq ans plus tôt, avec Margaret, une autre militante, une réunion d'information et d'échanges avec des femmes sur leurs droits et leurs difficultés. Après un nouveau débat cette fois dans le cadre de la campagne d'Hillary Clinton pour la primaire des élections de 2008, une femme s'approche de Gloria Steinem et lui dit qu'elle était étudiante dans cette université lors de sa première visite. Gloria raconte :

> *Elle compare notre visite à un « électrochoc » qui a été suivi d'une année de militantisme intense. Le mouvement des droits humains de la TWU a obligé la direction à tenir compte des plaintes des étudiantes, a pris en charge les problèmes de sexisme et de racisme, et travaille actuellement avec les sans-papiers dans le nord du Texas. […] Vous savez les séries médicales à la télé ? Quand le cœur d'une patiente s'arrête et qu'on le fait repartir avec des palettes électriques ? C'est ce que vous avez fait pour nous, Margaret et vous. S'il vous plaît, dites à sa fille que, depuis, nos cœurs n'ont plus cessé de battre.*

Cela fait écho à une action que nous avons menée avec l'équipe de Greenpeace en RDC en 2011. Les communautés forestières dans les zones rurales reculées du pays – la RDC fait la taille de l'Europe de l'Ouest – étaient victimes du pillage de leurs forêts, de leurs ressources et d'accaparement de leurs terres. Nous avons

1. Gloria Steinem, *Ma vie sur la route. Mémoires d'une icône féministe*, Paris, Harper Collins, 2020.

décidé d'organiser directement dans une de ces zones un rassemblement de réprésentant·es de plusieurs de ces communautés, avec un triple objectif : les *armer* en leur fournissant des informations sur leurs droits et la Constitution congolaise, recueillir des témoignages que nous pourrions utiliser dans notre campagne et envoyer un signal clair aux compagnies d'exploitation du bois qui sévissaient dans la région : « Nous sommes des alliés de ces communautés et allons continuer à surveiller ce que vous faites. » Autrement dit, « l'impunité, c'est fini », à ce stade vous savez à quel point je trouve ce message essentiel et puissant. Cela a pris des semaines à l'équipe pour organiser ce forum, et plusieurs jours de pirogue à plusieurs participant·es pour rejoindre le lieu de rencontre depuis leurs villages. Pendant deux jours, les échanges étaient formidablement riches sur le fond et profondément humains. Et surtout, non seulement nous avons atteint les objectifs pressentis, mais c'est allé bien au-delà. Cette action a permis de faire se rencontrer des communautés qui, faute de moyens de transport et de communication, ne se connaissaient pas. Elles ont ainsi réalisé qu'elles n'étaient pas seules et qu'elles étaient confrontées exactement aux mêmes pratiques abusives. Nous avons aussi appris qu'après ce forum et notre passage, des entreprises d'exploitation du bois étaient pour la première fois allées à la rencontre des villageois pour trouver des solutions avec eux. Et cela n'était qu'un début.

Il arrive aussi que la réaction d'une personne qui a l'air isolée déclenche un mouvement collectif qui renverse la situation. Je ne me lasse pas de l'histoire de Rosa Parks, cette militante afro-américaine qui, en pleine ségrégation raciale aux États-Unis et alors que des places sont officiellement réservées aux Blancs dans les bus, décida un beau jour de 1955 de braver l'interdit en s'y installant puis en refusant de céder sa place à une Blanche. La police de Montgomery l'arrêta. Elle fut condamnée. Elle continua pourtant à tenir tête et fit appel dans un procès médiatisé. Son histoire attira l'attention de Martin Luther King qui décida d'organiser le boycott des bus de la ville. Après un peu plus d'un an de bras de fer, la ségrégation dans les bus fut décrétée anticonstitutionnelle. À la mort de Rosa Parks en 2005, on pouvait voir sur les bus de Montgomery : « Hommage à la femme qui s'est tenue debout en restant assise. » Ou comment le battement d'ailes d'une jeune femme a marqué l'Amérique. On n'est jamais à l'abri que nos résistances aboutissent…

La question de la non-violence

> *Une bonne stratégie non violente de masse doit pouvoir proposer une place et un rôle à chacune et à chacun.*
>
> Jon Palais, *La Bataille du siècle*

Il y a une longue histoire de la non-violence militante, adoptée par de nombreuses ONG et de nombreux mouvements. Le *Manifeste pour la non-violence*[1] résume ses principes, ses questionnements, ses recettes, ses victoires et nous entraîne dans son sillage :

> *La force de la non-violence réside en ce qu'elle forme des êtres humains libres qui osent faire front commun contre la violence et l'injustice. Une force qui peut entraîner le changement de tout un système. En cela, la*

1. Pauline Boyer et Johann Naessens, *Manifeste pour la non-violence*, Paris, Charles Leopold Mayer, 2022.

non-violence est révolutionnaire. Elle représente un moyen de transformer notre rage en actions de confrontation et de construction, d'unir nos forces pour nous organiser.

Parmi les références les plus connues, Gene Sharp, politologue américain surnommé le « Machiavel de la non-violence », liste des dizaines de méthodes de contestations et actions non violentes[1]. Il a d'ailleurs inspiré Srdja Popovic, un Serbe d'une cinquantaine d'années qui a joué un rôle clé dans la révolution non violente qui a dégagé du pouvoir Milosevic en 2000 dans son pays. Il conseille depuis une vingtaine d'années les résistant·es qui cherchent aux quatre coins du globe à renverser les dictateurs. Adepte de la révolution pacifiste, il partage expériences et idées dans son ouvrage *Comment faire tomber un dictateur quand on est seul, tout petit et sans arme*[2].

Opposer humour et dérision à la violence du système et de la répression est souvent assez efficace pour mettre en évidence les pratiques abusives, attirer l'attention. On peut citer par exemple l'opération « Faucheurs de chaises ». L'idée était de réquisitionner des chaises dans des banques impliquées dans l'évasion fiscale, avec le message suivant : « On vous rendra les chaises quand vous rendrez l'argent. » « La stratégie non violente consiste à attirer l'adversaire sur un terrain où il n'a pas l'avantage », raconte Jon Palais[3], poursuivi en justice par la BNP pour vol en réunion. Or la banque avait sous-estimé le soutien populaire de cette action, et avec lui le rapport politique et médiatique en faveur des militant·es. Elle a finalement perdu la bataille de l'image et a abandonné sa plainte.

1. Gene Sharp, *Les Politiques de l'action non violente*, Montréal, Écosociété, 2015.
2. Paris, Payot, 2017.
3. Jon Palais, *La Bataille du siècle*, Paris, Les liens qui libèrent, 2023.

Il serait néanmoins hypocrite de masquer le débat que cette question de la non-violence pose régulièrement à celles et ceux qui veulent changer le monde. Andreas Malm, militant suédois pour le climat depuis de nombreuses années, questionne[1] :

> *La non-violence absolue sera-t-elle le seul moyen, restera-t-elle à jamais l'unique tactique admissible dans la lutte contre la combustion des combustibles fossiles ? Peut-on être certains qu'elle suffira contre un tel ennemi ?*

Il revient sur l'histoire de mobilisations qui ont, en fait, bel et bien eu recours à la destruction de biens. Prenons le cas des suffragettes qui se sont battues pendant des décennies en Grande-Bretagne pour obtenir le droit de vote. Malm rappelle que leur tactique de prédilection était la destruction de biens :

> *En 1903, après des décennies de pressions patientes sur le Parlement pour obtenir le droit de vote sans le moindre résultat, sous le slogan « Des actes, pas des paroles » naissait l'Union sociale et politique des femmes (Women's Social and Political Union – WSPU). Cinq ans après deux membres du WSPU ont mené la première action militante : casser les vitres de la résidence du Premier ministre.*

Puis, fatiguées de se sentir méprisées par les parlementaires, elles ont multiplié ces actions, « envoyant des centaines de dames bien mises dans les rues pour briser toutes les vitres sur leur passage ». Elles décidèrent ensuite de mettre le feu aux boîtes aux lettres dans la ville de Londres, des actions combinées à des rassemblements, des grèves de la faim, la publication de journaux clandestins. Quand le droit de vote des femmes a

1. Andreas Malm, *Comment saboter un pipeline*, Paris, La Fabrique, 2020.

été une nouvelle fois rejeté en 1913, elles ont multiplié les incendies, mais cette fois en ciblant des maisons, des entrepôts, etc., dans tout le pays, s'attachant toutefois à ne jamais faire aucun·e bléssé·e. Ce rapport de force leur a permis d'emporter la victoire en 1918.

Malm apporte aussi un éclairage sur le rôle parfois complémentaire de mouvements non violents et d'actions de groupes plus radicaux dans la confrontation. En regardant le mouvement des droits civiques aux États-Unis, par exemple : il loue l'efficacité des actions non violentes « en tant que tactiques visant des succès immédiats et une participation massive ». Pour les citer : « Le boycott des bus de Montgomery, les sit-in dans les restaurants, l'offensive de Birmingham, les marches de Selma à Montgomery et autres actions non violentes ont bel et bien triomphé de la ségrégation dans le Sud. » La non-violence a aussi généré « l'embarras suscité par les flics brutalisant les manifestants sous l'œil des caméras, qui portait un coup à la supériorité morale revendiquée par les États-Unis dans la guerre froide ». Mais, note Malm, ce qui a surtout fait plier l'administration Kennedy, c'est le risque que l'inaction du gouvernement pousse d'autres groupes plus radicaux comme celui de Malcom X à des actions beaucoup plus violentes. Malm précise à propos du Civil Rights Act qui rend illégale la discrimination selon la race, la religion, le sexe ou l'origine nationale dans les espaces publics américains :

> *Le mouvement des droits civiques a arraché la loi de 1964 parce qu'il avait un flanc radical qui le faisait apparaître comme le moindre mal aux yeux du pouvoir d'État.*

Jon Palais, lui, défend les stratégies d'actions non violentes dans *La Bataille du siècle*. Il désarme, exemples à l'appui, les préjugés qui souvent sous-estiment cette approche. Loin d'être passive ou résignée, l'action non violente crée des rapports de force dans l'action. Elle désigne des adversaires pour changer le système, mais s'attache à toujours respecter les personnes. Et à ne jamais répondre à la violence par la violence, suggérant par exemple de chanter face à une répression policière agressive : « La police, doucement, on fait ça pour vos enfants ! » scandent ainsi les manifestants lors d'une action pour le climat. Désarmant.

Puis il rejoint Malm sur la question de « la dégradation ou la destruction matérielle » : « Le sabotage, en tant qu'acte ayant pour but intentionnel de détruire du matériel ou des installations peut donc être utilisé ou revendiqué par un mouvement non-violent », comme ça a été le cas avec le mouvement des faucheurs volontaires d'OGM, qui détruisaient des cultures OGM en plein champ, pour attirer l'attention sur les risques de ces cultures.

Ces débats, aussi intéressants qu'indispensables, sont récurrents chez les militant·es. La question comme toujours est : où met-on le curseur ? La non-violence est dans l'ADN des principes d'action de Foodwatch ; mais la plupart de nos campagnes nécessitent toutefois une bonne dose de confrontation – non violente, donc, mais puissante – si on veut créer du mouvement et *in fine* des changements. Comme je le dis souvent, c'est une ligne de crête permanente : faits à l'appui, il faut mener des actions de sorte à faire monter une pression suffisante, adopter un ton suffisamment ferme pour confronter les responsables des pratiques abusives que nous dénonçons et/ou celles et ceux qui ont le pouvoir de décision, afin de les pousser, de les forcer souvent à agir. En haut de la pente de cette confrontation, sur la ligne de crête, il est essentiel d'être vigilant à ne pas faire le geste ou lâcher le mot de trop qui ferait basculer de l'autre côté, et pourrait menacer la crédibilité de l'action.

Enfin, si nourrir l'histoire des mobilisations et les débats sur la désobéissance civile et la non-violence est très important, je retiens surtout que la violence vient avant tout des décisions politiques et économiques qui alimentent un système insoutenable. Imposer un étau qui comprime les droits des gens autant que les ressources naturelles, au profit de quelques-uns sur le dos de tous les autres, conduit à l'implosion. Ou à l'explosion. Faire advenir une société qui respecte les droits fondamentaux, sans discriminations, et les écosystèmes éloignerait significativement la nécessité de se battre et avec elle les questions de violence et de non-violence des mouvements de contestation.

Joie et artivisme comme armes de résistance

Le pouvoir a besoin de tristesse parce qu'il peut la dominer. Le système nous veut triste et il nous faut arriver à être joyeux pour lui résister. La joie, par conséquent, est résistance, parce qu'elle n'abandonne pas.

Gilles Deleuze

La joie dans le militantisme n'est pas une utopie pour moi. Je trouve que nos révoltes sont joyeuses et même si elles sont imprégnées de douleur et de colère, je trouve qu'on rit beaucoup.

Iris Brey[1]

1. https://www.barbieturix.com/2024/01/23/iris-brey-javais-envie-de-montrer-quelque-chose-de-joyeux/.

La détermination des résistances pour faire advenir une société plus juste et plus durable doit tenir dans la durée. Pour cela, au-delà des colères, de l'éco-anxiété, de la peur et, parfois, de la répression, la joie et la créativité jouent une place essentielle. L'enthousiasme des nouvelles générations à s'en emparer, avec l'espoir d'agrandir encore davantage les mobilisations, me donne l'envie et la force de persévérer.

Un exemple frappant de cette puissance de la joie dans nos résistances est pour moi celui des Rosies et de leurs chorégraphies vindicatives. Ce groupe de militantes, en bleu de travail, foulard rouge et gants jaunes, s'inspire de l'iconique *Rosie la riveteuse,* qui symbolise les millions de femmes qui travaillèrent dans l'industrie de l'armement aux États-Unis pendant la Seconde Guerre mondiale. Elle est en général représentée en train de montrer le muscle de son bras, à la Popeye. Youlie Yamamoto, chef de file des Rosies et porte-parole d'Attac France, raconte[1] que ce mouvement lancé en 2019 a pour objectif de rendre plus visible la lutte pour les droits des femmes dans les manifestations sociales. Une véritable « aventure politique, humaine et féministe ! » Les Rosies affirment leur détermination en dansant et en chantant des textes revus et corrigés de chansons populaires dans les manifestations et attirent de plus en plus de militant·es, car « la joie est un souffle dans les ambiances irrespirables, un pouvoir politique que nous ne cesserons jamais d'exercer ». Youlie conclut :

> *Face aux politiques injustes et à la répression, face au recul de nos droits et de nos libertés, contre la résignation, et pour la transformation sociale, nous l'affirmons ici : ils n'auront pas notre joie !*

---

1. Lou Chesné et Youlie Yamamoto, *Manifeste des Rosies*, Paris, Attac et Les liens qui libèrent, 2024.

Le collectif Féministes révolutionnaires revendique également cette approche dans un post sur Instagram au printemps 2024. Reprenant la célèbre citation d'Emma Goldman *(« Si je ne peux pas danser à la révolution, je n'irai pas à la révolution »)*, elles enchaînent :

> *Avec cette célèbre formule, Emma Goldman soulignait déjà au XIXe siècle l'importance de la joie militante. Car notre joie collective est un outil politique : danser et chanter ensemble, dans la rue ou ailleurs, permet de créer des liens avec les autres. Que ces liens durent quelques heures, entre des inconnu·es en manifestation, ou quelques mois voire années entre des camarades, ils nous permettent de construire des espaces de résistance, ils nous font sentir que nous ne sommes pas seul·es, ils nous donnent de la force.*

Une volonté de transformer la société qui prend aussi corps dans l'artivisme, un néologisme qui rassemble art et activisme.

Hélène Martinelli, comédienne et chanteuse, alias Koclico, fait partie de ce mouvement artistique qui chante, danse, crée pour changer le monde. Alliant musique et engagement citoyen, révolution intérieure et nouveaux récits, elle nous transporte dans sa révolte avec poésie. Ses chansons sur fond de pop aux basses marquées sont autant de cris de « rage au service de l'amour » que d'inspirations, à la fois mélancoliques et utopistes. Koclico partage action, espoir et résilience, un micro à la main, de chars de manif en salles de concerts. Après la sortie de son premier EP *Humeurs Boréales* en mars 2024, elle s'associe à un projet collectif avec la réalisatrice Rachel Dano, sa complice : *Notre Ohrage*. En écho aux paroles de sa chanson #*NotreOhrage* (« Pour eux c'est classé sans suite, mais nous on a pris perpète »), ce projet couvre une campagne d'actions artivistes pour dénoncer les défaillances du système judiciaire face aux violences sexistes et sexuelles, dont elle a elle-même été victime. Le clip musical de lancement du projet, tourné en live, met en scène la chanson de Koclico. Elle y résonne dans une chapelle, amplifiée par un chœur de femmes et de minorités de genre *a capella*. Une polyphonie qui ne fait plus qu'une voix, déterminée :

> *Vois en nous ce courage, au milieu de l'orage, quand je vois tous ces visages, je sais qu'on ira jusqu'au bout.*

Hélène aime à rappeler qu'elle puise sa force dans le collectif pour défendre biens communs et droits fondamentaux, justice sociale et environnementale – et elle n'est pas la seule. Elle a participé avec Mathilde Caillard à la création du collectif Planète Boum Boum. Leurs chansons *C'est nous les Pfas, On veut du fret ferroviaire* ou encore *Planère brûlée* animent les cortèges de manifestations et les concerts militants. Le collectif « amène la fête dans les manifs, et les manifs dans les fêtes ». On pourrait l'appeler de l'*Artifestivism* !

Mathilde est plus connue sur les réseaux sociaux sous le nom de *MC danse pour le climat*. Cette techno-activiste utilise l'art, la musique, le chant et la danse « pour dire des choses sur le monde, et pour essayer de le changer ». Elle mise sur le côté festif et sur la danse pour rassembler plus largement dans les mobilisations :

> *Parfois pour s'adresser aux autres, on pense qu'un discours rationnel et bien ficelé est suffisant. Alors que pour se mettre en mouvement, il faut toucher émotionnellement les autres. Le corps des femmes est trop souvent réduit au regard que les hommes lui portent, moi j'utilise*

mon corps en dansant, partout, pour dire des choses, créer ce mouvement.

Quand j'ai proposé à Hélène et Mathilde qu'on se rencontre pour qu'elles me parlent de leurs combats et de leur art, elles m'ont tout de suite suggéré d'inviter aussi Louise, alias Louisadonna : chanteuse, autrice, compositrice, productrice, Louisadonna est aussi psychologue depuis huit ans auprès de femmes victimes de violence. Pour cette militante féministe, « la musique, c'est un peu un prétexte pour parler des sujets qui m'importent et pour lesquels j'ai besoin que le monde change ». Elle ajoute :

Avec ma musique, des fois, j'ai l'impression de prêter une voix à toutes celles que j'ai entendues en thérapie. Elles font un peu partie de moi, ces voix de femmes que j'accompagne, et comme personne ne les entend, je les transforme en musique pour que vous les écoutiez vraiment.

Je pourrais aussi parler de Violaine De Filippis-Abate qui, avocate militante et autrice[1] engagée pour les droits des femmes, utilise aussi parfois la chanson pour faire passer certains messages. Elles ont toutes les quatre en commun de vouloir sortir du sentiment d'impuissance, de raconter comment agir, pour inspirer des gens qui ne savent pas comment faire le premier pas.

C'est la même démarche pour les chorégraphies du collectif Minuit 12, fondé en 2021, qui sensibilise aussi à la cause écologique, notamment en utilisant la création, les corps et le mouvement. C'est l'idée géniale de la jeune danseuse professionnelle Pauline

1. Violaine De Filippis-Abate, *Classées sans suite. Les femmes victimes de violences face à la justice*, Paris, Payot, 2023.

Lida et de ses comparses, qui permet de toucher des milliers de gens. Là encore, la danse devient un outil militant pour *se mettre en mouvement ensemble*.

Pour continuer à puiser de l'inspiration, explorer les expériences du Laboratoire d'Imagination Insurrectionnelle me donne le sourire, une brise de liberté. Le Laboratoire, qui s'est fait connaître notamment pour avoir organisé la désobéissance de masse à vélo pendant le sommet des Nations unies sur le climat à Copenhague (COP 15 en 2009) et parcouru le Royaume-Uni pour recruter une armée de clowns rebelles, se raconte ainsi :

> *Nous réunissons artistes et activistes pour coconcevoir et déployer des formes créatives d'action directe, qui se veulent aussi joyeuses qu'elles sont politiquement efficaces. Création et résistance, protestation et proposition sont les brins d'ADN de notre pratique […]. Nous savons en revanche que le rôle de l'art dans le capitalocène ne peut plus être de montrer le monde aux gens, mais de le transformer, ensemble.*

Faire de la politique autrement

Quoi de plus normal que le système de domination perdure quand, entre dominants, on est entre soi, au chaud ? Car à bien y regarder, la « classe dominante » de notre monde politique actuel est pauvrement uniforme : principalement masculine, aisée, urbaine, blanche, valide, hétérosexuelle. Bonjour la représentativité de la diversité des Françaises et des Français… Cet entre-soi, sclérosé dans une pensée hégémonique et monolithique, est assurément une grande partie du problème, comme le dépeint Mathilde Viot, cofondatrice du MeToo politique et de l'Observatoire des violences sexistes et sexuelles en politique, dans son livre *Moi, l'homme politique, j'en fais du compost*[1], témoignage de ses années passées à l'Assemblée nationale en tant que collaboratrice de député·es :

> *Je pense encore que la politique reste le moyen le plus rapide et le plus pacifique pour influer sur la vie collective, notamment à l'aube de la crise écologique. À condition qu'elle soit animée par des mouvements féministes, antiracistes, queers qui défendent d'autres méthodes. Qui prônent la fin du virilisme de l'homme blanc bourgeois cisgenre hétérosexuel, cette toute petite minorité de personnes qui détient et impulse tout. À condition que l'on change nos méthodes et que l'on porte toute notre attention à nos vulnérabilités individuelles et collectives.*

Un plaidoyer aussi pour qu'il y ait « Plus de femmes en politique ! », comme l'appelle de ses vœux Lea Chamboncel[2], créatrice de *Popol*, un podcast politique qui donne la parole aux femmes. À ce titre, je ne compte plus les fois où j'ai été la seule femme sur l'estrade des intervenants à des conférences ou dans des débats. Mais c'est surtout l'uniformité de leurs pensées qui est aussi lassante qu'inquiétante. Chroniqueurs et soi-disant experts répètent si souvent les mêmes choses en boucle sur les plateaux télé qu'ils se convainquent eux-mêmes qu'il n'existe qu'une version de l'histoire et surtout cherchent à en convaincre tout le monde. Las.

Il y a donc urgence, pour transformer notre modèle social et démocratique, à diversifier les profils de personnes qui siègent dans les institutions et aux postes

1. Mathilde Viot, *Moi, l'homme politique, j'en fais du compost*, Paris, Stock, 2022.
2. Léa Chamboncel, *Plus de femmes en politique !*, Paris, Belfond, 2022.

de pilotage, et à varier les modes de consultation et de démocratie directe. On a déjà abordé plus haut les sujets de conventions citoyennes et autres formes de consultation citoyenne. D'autres initiatives se lancent pour contribuer à préparer une relève politique qui reflète davantage notre diversité. Citons par exemple l'Académie des futures leaders, fondée par la militante Alice Barbe afin d'accompagner une nouvelle génération désireuse « de se former en politique et renforcer la démocratie », ou encore la formation « S'engager pour une société juste, écologique et démocratique » lancée fin 2023 dans le cadre de l'école du collectif Pacte pour le pouvoir de vivre. Ce dernier ouvre ainsi un lieu d'apprentissage, de réflexion et d'échanges animé par les soixante-cinq organisations membres, dédié aux citoyens et citoyennes de 18 à 35 ans, sans condition de diplôme.

Et surtout, surtout, partout où vous le pouvez, présentez-vous aux élections, entrez dans les instances de décision, à tous les niveaux, des communes aux institutions nationales et même européennes ! Ne laissez pas les autres décider pour vous.

Le champ des possibles

Une société juste, durable, sans discriminations, d'accord. Mais à quoi ressemble-t-elle exactement, dans sa diversité ? Par quelles étapes peut-on passer ? Les liens et les libertés à recréer sont aussi ceux et celles de nos imaginaires et de nos intelligences collectives. Parlons de sobriété, de fin du néolibéralisme, de fin du patriarcat, de communautés autogérées, d'entreprises sociales coopératives… Tant reste à inventer, tant d'utopies à faire advenir ! Car les utopies ne sont pas, comme on le pense trop souvent, d'irréalisables rêves teintés de naïveté, mais, d'après le Larousse, des « construction[s] imaginaire[s] et rigoureuse[s] d'une société, qui constitue[nt], par rapport à celui qui l[es] réalise, un idéal ou un contre-idéal ».

> *Vous ne manquez ni de génie, ni de solutions, ni d'argent, ce dont vous manquez cependant c'est d'audace, de vision, d'ambition, de pensée libre… en fait vous manquez d'utopie.*

Cet extrait est tiré d'une utopie romancée justement, *Les Déliés*, de Sandrine Roudaut[1]. L'histoire nous propulse dans un futur pas si éloigné où les « semeuses », un groupe d'amies, échafaudent avec leurs comparses un « plan de résistance citoyenne, politique et poétique ». Elles et ils remplacent leurs noms de famille par des mots qu'ils choisissent, afin de les protéger de l'oubli – Mu, Bleu, Soie, Soudan –, se connectent dans des « liens-lieux », communiquent par « gazettes », se regroupent à « la Plateforme », centre des résistances pour s'émanciper d'un système verrouillé, et organisent « la semaine du grand bazar », feu d'artifice d'actions de mobilisations simultanées. La convergence des luttes postmodernes en opérations. Je dois avouer que j'adore l'idée ! Je ne vous en dis pas plus, laissez-vous porter par ce scénario à la fois plein de rêves et de sagesse. Mais surtout, libérons notre imagination.

Et vous, si vous deviez changer de nom pour adopter un mot, ce serait quoi ? Moi, je choisis le mot « vague ».

Des utopies et des récits, c'est vraiment ce dont nous avons besoin pour dessiner le prolongement de

1. Sandrine Roudaut, *Les Déliés*, Vidauban, La Mer salée, 2020.

nos révoltes et de nos résistances : une vision de la société que nous souhaitons, que nous allons cocréer. C'est grâce à cette vision que nous pourrons alimenter notre énergie transformatrice et embarquer de plus en plus de gens avec nous, jusqu'aux points de bascule. Ces initiatives fleurissent, et c'est tant mieux, comme Imagine 2050[1], créé par Magali Payen qui avait fondé le mouvement On est prêt, pour accompagner le développement de nouveaux récits afin de « bâtir une société désirable, juste et respectueuse du Vivant », dans l'art, dans la politique, partout.

À chacun·e de trouver son mode d'action. Des actions qui vous ressemblent. Des moyens de transformer votre colère en initiatives pour participer aux résistances et à la construction du monde de demain.

1. https://imagine2050.fr/missions-outils

Non-conclusion

Le néolibéralisme forcené qui creuse les inégalités et crée de la précarité de toutes pièces, ça suffit.

Le poids des lobbies et le *statu quo* du *business as usual* qui réussissent le tour de force de détruire à la fois les droits sociaux, les services publics et le vivant, ça suffit.

La malbouffe qui rend des millions de gens malades et induit des milliards de coûts cachés au profit de quelques-uns, ça suffit.

L'opacité et l'impunité, ça suffit.

Oui, je suis en colère et je comprends très bien que vous soyez si nombreuses et nombreux à l'être aussi. Et je suis triste de voir tant d'injustices, tant de discriminations, tant de gens souffrir, tant de personnes et groupes s'opposer, s'isoler. Triste de savoir qu'il faut se battre, encore et encore, pour défendre ce qui devrait couler de source, les droits de toutes et tous, l'intérêt général. Et c'est là que nous avons un choix à faire : subir sans rien dire, somnambules ? Nous résigner ? Ou l'extrême inverse : nous défouler dans la violence à notre tour, nous rassurer dans le rejet des autres, nous réfugier dans le repli sur nous ? Non, parce que ça aussi, ça suffit.

Et si nous métabolisions plutôt cette colère en énergie transformative, ensemble ? Si nous unifiions nos justes révoltes et nos forces vives pour tenir tête à ceux qui veulent continuer à nous imposer leurs règles oppressives ? Pour faire advenir une société de liens où la justice sociale et la justice environnementale priment enfin.

Prendre la tangente n'est plus une option, alors, prenons le maquis loin de leurs certitudes arrogantes. Bifurquons de ce système à bout de souffle. Suivons les pas de ces anciens résistant·es qui nous appellent à agir. Et surtout, dans leur sillage, inventons nos propres résistances. Agissons pour nous réconcilier. Réconcilions-nous pour agir. Échangeons, écoutons-nous, déconstruisons pour reconstruire un nouveau contrat social. Ensemble.

Ce qui me met du baume au cœur, c'est que je sais que nous sommes nombreux et nombreuses, et que dès lors, nous sommes puissant·es. Je le vois tous les jours dans les mobilisations et les combats que je mène avec Foodwatch, qui réunit déjà près de 450 000 d'entre vous, ainsi que dans les fronts unis que nous construisons avec les autres organisations de la société civile, les lanceurs et lanceuses d'alerte, les artivistes, etc. Et l'histoire des mouvements sociaux nous rappelle que, même si on voit rarement immédiatement l'impact de nos actions, elles comptent et changent la donne. Elles sont indispensables pour créer du mouvement, accomplir des changements. Ce qui me nourrit et m'enthousiasme, ce sont aussi toutes les initiatives et toute l'imagination déjà à l'œuvre, dans les territoires, avec des projets créatifs de solidarité et de renouveau de démocratie : caisses communes de l'alimentation, expérimentations de monnaies locales, villages des alternatives, etc.

Il y a mille et une façons de participer à nos résistances et à nos futurs. On a besoin de tout le monde, on a soif de toutes les idées, de tous les profils. On y va ?

Remerciements

Mon premier remerciement te revient, Nathalie Achard, toi qui as su m'écouter, m'entendre et m'encourager – me pousser même – à venir tenter ici dans un livre d'incarner cette révolte face à l'injustice et cette envie de rassembler, de redonner de l'espoir à un maximum de personnes, de nous mettre en mouvement vers une société plus juste.

Je veux aussi remercier toutes les personnes si engagées, ici et ailleurs, chacune à leur façon, à œuvrer contre ces injustices, et en particulier celles avec qui j'ai eu et ai encore la chance de partager ces luttes. Beaucoup de noms me viennent en tête dans plusieurs pays africains, et bien sûr mon équipe hors pair de Foodwatch et nos allié·es de luttes.

Merci à Ged et mes proches de m'avoir toujours soutenue dans ces combats, depuis plus de vingt ans, même si ça paraissait parfois un peu fou. Merci à Stéphanie Bonnet et Karin Jestin pour votre confiance et votre soutien indéfectibles. Et bien sûr merci à Mathilde Douillet qui m'accompagne et m'a tant soutenue dans la dernière ligne droite.

Merci aussi pour vos regards attentifs et bienveillants à différentes phases du développement de ces idées et de ce texte : Ingrid, Camille, Mathilde, Aurélie, Toni, Hélène, Stéphanie, Valérie, Nelly.

Et bien sûr merci à toi, Laure-Hélène Accaoui, éditrice audacieuse et généreuse qui ouvre des brèches et réunit des voies, complémentaires, qui nous acheminent vers ce monde plus juste, plus solidaire et plus durable auquel on aspire. Et qui sait créer ces ponts qui nous relient. On en a tellement besoin.

Merci. Continuons.

Table

Deuxième partie
Lobbies et Cie : la domination des intérêts privés

pca cmb
édition pré presse
livres numériques

44400 Rezé

IMPRIM'VERT®

Achevé d'imprimer
en février 2025
par Corlet Imprimeur
14110 Condé-en-Normandie

Dépôt légal : février 2025
N° d'imprimeur : 25010048
Imprimé en France